TRIGGERS

Creating Behavior That Lasts, Becoming the Person You Want to Be

練習改變

和財星五百大CEO一起學習行為改變

馬歇·葛史密斯 馬克·瑞特 著

Marshall Goldsmith & Mark Reiter 廖建容 譯

目錄

TRIGGERS
Creating Behavior That Lasts
Becoming the Person You Want to Be

練習改變

和財星五百大CEO一起學習行為改變

全球頂尖CEO和思想家的推薦

我很慶幸能與葛史密斯共事多年，並在許多方面得到他的協助。本書循序漸進地展現葛史密斯的工作方法。書中的許多觀念讓我和葛史密斯的許多客戶，受益良多。本書一如葛史密斯過去的所有著作，以高度聚焦、務實且一針見血的切入方式，幫助你提升領導力。更重要的是，它還能幫助你改變人生。

——金墉（Jim Yong Kim）
世界銀行第十二任總裁

葛史密斯不遺餘力地幫助人們，成為他們想成為的自己。他不斷提出自我激勵的新思維，並成為高階主管教練的思想領導者。本書充分道出提高自覺、積極投入，與正向行為改變的重要性，它無疑將會照亮許多人的人生！

——哈森（Fred Hassan）

先靈葆雅製藥公司（Pharmacia and Schering Plough）前執行長、
博士倫（Bausch & Lomb）董事長

我認識葛史密斯很多年，而且很喜歡和他共事。閱讀這本書，讓我想起他擔任我的教練的時候。書中讓我大笑，引發反思，更重要的是，它讓我想去做正向的事情。

——史密斯（Liz Smith）
布魯民品牌（Bloomin' Brands）餐飲集團執行長

這是一本很棒的好書。葛史密斯透過著作與擔任高階主管教練，幫助許多企業主管成為更成功的領導人。葛史密斯試圖透過本書，解決一個更重要且根本的問題：我們每個人如何成為我們想成為的自己？只要讀過本書，你就會知道該怎麼做。

——特瑟克（Mark Tercek）
大自然保護協會（The Nature Conservancy）總裁暨執行長、
高盛集團（Goldman Sachs）前經營合夥人

葛史密斯的教練可使領導人持續聚焦於自己的行為。領導人與團隊成員的行為，是傑出成果與持續改進的基礎。這是緊密連結、知識導向的全球化企業，在未來致勝的關鍵。本書可幫助我們快速聚焦，達成必要的改變，締造成功。

——艾文斯（Aicha Evans）

英特爾（Intel）副總裁暨總經理、《財星》十大新世代女性領導人

書如其人。本書就和葛史密斯一樣，結合了傑出的教練方法與幽默風趣的性格！

——克萊恩（Jonathan Klein）

蓋帝圖像（Getty Images）創辦人暨董事長

本書充分展現作者說故事的長才。葛史密斯擁有獨特的能力，能使企業領導人卸下重重心防，不把焦點放在哪裡出錯，而是聚焦於若致力改變自己，可以有什麼樣的可能性。想要改善工作與生活現況的人，絕不可錯過本書。

——華克（Brian Walker）

辦公家具製造商赫曼米勒（Herman Miller）總裁暨執行長

我是葛史密斯的鐵桿粉絲。我相信當你讀完本書後，也會和我一樣。葛史密斯承諾，

如果他善盡作者的職責，而你善盡讀者／學習者的本份，你就會更加接近你想成為的自己，讓人生少一些遺憾。這個提議挺不錯的，快去讀這本書吧！

——布蘭佳（Ken Blanchard）
暢銷《一分鐘管理》（The One Minute Manager）
與《退休後更精采》（Refire! Don't Retire）等書共同作者

葛史密斯濃縮數十年來幫助客戶與朋友，達成實質行為改變的智慧結晶，傾力完成本書。本書以深入淺出的方式，提出許多重要而深刻的觀念。葛史密斯不只是個企業教練，他總是以幽默風趣的態度，挑唆他人改變自己，同時要求自己不斷接受新挑戰。若你需要聽取他人意見，「觸發」自己做出必要的改變，葛史密斯是我最推薦的作者。

——麥奎斯（Rita Gunther McGrath）
Thinkers50評選為全球最有影響力的策略思想家、
《競爭優勢的終結》（The End of Competitive Advantage）一書作者

我自己也有些事情想要改變或改善，但每隔一陣子就會熱度降低，不是怪罪工作，就是怪罪出差或家庭責任等。現在，我再也沒有藉口了。在這本書裡，葛史密斯不只指出改變的障礙，還提供簡單（但不一定容易）的流程，讓我們克服正向改變的阻礙：前後一致，以及環境。看完這本書，我已經準備好要努力嘗試了！

——郭莫（Chris Cuomo）

CNN「新的一天」（New Day）新聞節目主持人、獲獎新聞記者

我曾見證葛史密斯施展魔法，幫助某位企業主管突破自己，發揮潛能。現在，葛史密斯大方與所有人分享他的獨門祕方，本書是你不可錯過的好書。

——法拉利（Keith Ferrazzi）

《紐約時報》暢銷書《誰挺你》（Who's Got Your Back）
與《別自個兒用餐》（Never Eat Alone）等書作者

這本充滿智慧的書，以迷人的故事道出自我實現的方法。

——科特勒（Philip Kotler）

西北大學凱洛格管理學院（Northwestern University Kellogg School of Management）
行銷學榮譽教授、全球頂尖行銷學大師

葛史密斯與賴特再度聯手出擊！他們兩人「盡了全力」，提供充滿洞見、實用且務實的方法，確保人們可達成持久的行為改變。有本書在手，彷彿把葛史密斯請到面前，成為自己的教練。能有機會透過活生生的故事，向葛史密斯學習，全心投入正向行為改變，是一大榮幸與樂事。若你想要變得更好，葛史密斯將是你最好的老師。

——厄瑞奇（David Ulrich）

密西根大學教授、暢銷書作家、人力資源管理全球頂尖思想家

關於葛史密斯：

- Thinkers50：全球最有影響力的領導力思想家、十大經營管理思想家、頂尖高階主管教練
- 公司雜誌（Inc.）：全美第一的高階主管教練
- 管理研究機構（Institute for Management Studies）：管理教育終身成就獎
- 國家人力資源學院（National Academy of Human Resources）：獲聘為該學院院士，為美國人資界最高榮譽
- 富比士雜誌（Forbes）：最受尊敬的五位高階主管教練之一

- 經濟學人雜誌（Economist）：商管新世代最受信賴的頂尖思想家
- 華爾街日報（Wall Street Journal）：十大企管教育家之一
- 商業週刊（BusinessWeek）：美國最偉大的五十位領導人之一
- 美國管理協會（American Management Association）：過去八十年來影響管理領域最深的五十位思想家之一

再版序
啟動一場自我進化之旅

EMBA雜誌總編輯／方素惠

你可能有過這樣的經驗，你參加一個同學聚會，你滿懷期待，特別打扮，希望留下最好的印象。但某位同學開口講了一番話，炫耀他最近的成就，評斷某些時事。他的口氣讓你無法忍受，於是你開始對他冷嘲熱諷，就想看他出糗。

然而，餐會一結束，你就後悔了，你發現自己在不知不覺中變成了你最討厭的那種人。

這位同學就是一個觸發點（trigger）。我們每個人的身邊都至少有這樣的一個人存在，只要和他講話，就會把我們從理想狀況拉開。

在我們的環境中，還有無數的觸發點，有時是食物香味、有時是同事的打擾，有時是一張你熟悉的椅子，使我們無法去除舊習慣，展現新行為，無論是想要吃得更健康，或更專注在重要的工作上。

這也是為什麼，領導大師葛史密斯強調，人們常低估了環境的力量。它是行為的死敵，隨時準備挑釁我們，擊倒我們。

二〇一五年，「練習改變」（Triggers）一書在美國出版時，這本強調用結構性方法來建立新習慣的書籍，立刻成為當年的商管類重點書籍。它除了登上紐約時報、華爾街日報等重要媒體的年度暢銷書排行榜，更被亞馬遜網站評選為「一生必讀的一百本領導與成功類書籍」。

在台灣，中文版出版後，也受到極大的矚目，成為很多讀書會指定閱讀的書籍。好幾家上市公司更和我們聯繫，希望在公司導入書中的概念，幫助主管改變行為，並且帶領部屬改變。

不能只靠意志力

葛史密斯在「練習改變」一書中，探討每個人每天都在掙扎的挑戰：我們總是很難成為我們想要成為的人，我們的行為也總和我們心中的理想不一樣。他也分享了他多年來協助ＣＥＯ改變行為的方法。

他強調，正因為人類是很好的計畫者（或幻想者），卻是糟糕的執行者，要成功改變，不能只是依賴意志力，更需要環境的支持。我們必須有意識地找出觸發點，讓我們在朝向目標的路上，避免受到壞的觸發點影響而迷路；我們也可以設法創造好的觸發點，建立一個能夠促進改變的環境。

其中，一個重要的做法就是建立結構和落實追蹤。例如，一個事先設計的開會模式，或一張簡單易懂的檢查表，就是一種結構，可以協助落實改變。這些看來非常簡單的做法，需要被嚴肅地看待與執行，但卻是很多人常常忽略的。

同樣的道理，公司要推動專案時，往往把注意力放在做計畫，而太少力氣放在執行的環節。計畫令人興奮，很酷的新概念贏得大家佩服，但沒有清楚的結構和追蹤，這些專案往往虎頭蛇尾，最後無疾而終。

葛史密斯是行為改變的權威學者和專家，他協助了兩百位以上的世界頂尖領導人，用十八個月的時間改變一項行為。他太了解行為改變有多難，因此，從如何選擇要改變什麼行為，到如何追蹤與跟進，以便落實改變，他都有一套簡單的結構與方法。

他在「練習改變」這本書裡分享這些方法，你會發現，也許只是一張自我提醒的便利貼，或是在辦公桌旁擺放一雙輕便的球鞋，就能夠觸發我們採取行動，堅持走下去。

這本書的繁體中文版第一次出版至今，已經八年過去。與八年前相比，當今世界變化更加迅速，資訊爆炸性成長，每個人每天都被無數的誘惑和干擾拉扯，因此，想要改變行為變得更加困難。我們很高興在這樣的時候推出這本重要好書的暢銷新裝版。

想一想，今天早上，你想像的一天是什麼樣子？今天已經快過去，它和理想的版本差距有多大？

也許「練習改變」這本書本身正是一個好的觸發點，再次提醒我們，該出發了，往那個我們想要成為的自己邁進！

本書獻給我的雙胞胎孫兒，艾弗利與奧斯汀。
他們代表了我未來的希望！

我看到一個拄著木枴杖的乞丐，
他對我說：「你不該貪得無厭。」
一位美麗女子倚著門，
對我喊說：「嘿，為何不多要一些？」

——**詩人歌手柯恩**（Leonard Cohen），**歌曲「電線上的鳥兒」**（Bird on a Wire）

00

Chapter

序言

有一天，我的同事菲爾要到家中的地下室，結果不慎摔下樓梯，頭部著地，跌落至地面。他躺在地上，感到手腳刺痛，全身癱軟。他沒有力氣站起來，只能倚著牆坐著，然後開始評估自己受傷的程度。

四肢感到刺痛，代表他還有感覺（這是好消息）。他的頭部和頸子抽痛不已，他可以感覺到，有血不斷從頭皮撕裂處沿著脖子流下來。他知道自己需要到急診室，讓醫生清理傷口，並檢查是否有骨折或內出血。他也知道，自己沒辦法一個人開車上醫院。

那時是星期六的早上，菲爾的太太和已成年的兒子都不在家。他獨自一人待在安靜的郊區家裡。他拿出手機，想打電話求援。他把手機裡的通訊錄名單看過一遍，發現附近沒有夠熟的朋友，可以請對方送他到急診室就醫。一直以來，他從來沒想過要結識鄰居。他不願意打電話給一一九，因為他既沒有大出血，也不是心臟病發。菲爾找到了相隔幾戶鄰居的電話號碼，那戶鄰居是一對中年夫婦。菲爾撥電話過去，一位名為凱伊的女士接了電話。

他曾在街上見過凱伊，但沒和她說過太多話。他向凱伊說明自己的狀況。凱伊聽了之後立刻趕過來，從沒上鎖的後門進入菲爾家中，在地下室找到他，扶著他站起來，然後開車送他到附近的醫院。菲爾在醫院接受了五個小時的檢查，而凱伊一直在旁邊陪著他。醫生說，沒錯，他的確有腦震盪，雖然會痛苦個幾週時間，但他沒有骨折，而且會康復。最後，凱伊開車送他回家。

那天稍晚，菲爾在家中休息。他沒有開燈，在黑暗中想著自己如何與死神擦身而過。他想起頭部撞到地面的那一刻，他聽見輕脆的撞擊聲，就像鐵鍾敲在大理石檯面上，把大理石敲個粉碎。他還記得當時電流流竄四肢的感覺，還有擔心自己將終身癱瘓的恐懼。他覺得自己非常幸運。

除了慶幸自己沒有從此殘廢，菲爾也開始思考，凱伊的善意是多麼令人感動，她無私地把一整天的時間，花在自己身上。長久以來，這是他第一次反省自己的生活方式。他對自己說：「我需要多交一些朋友。」他這麼做，並不是因為在未來，他可能需要有人像凱伊一樣，及時救他一命，而是因為他想變成和凱伊一樣。

我們並不需要經歷生死交關的意外，才改變自己的行為。我們只不過是這麼以為而已。

周遭環境的觸發物

本書主旨在於幫助成人改變行為。我們為何總是難以改變自己的行為？我們該如何改善這個情況？如何選擇要改變什麼？如何讓別人感受到我們的改變？如何強化自己的決心，克服任何成功人士都必須面對的永恆挑戰：成為我們想要成為的自己？

在回答這些問題之前，我想先探討，存在於我們周遭環境中的觸發物（trigger），因為這些觸發物會對我們產生深遠的影響。

觸發物是任何可以重塑我們想法與行動的刺激物。在清醒的每一刻，我們都可能受到周遭的人事物觸發。觸發物通常在出乎意料的情況下，突然出現。它可能是重大事件，就像菲爾的腦震盪；或是微不足道的小事，例如，手指被紙張割傷。它可能是愉快的經驗，例如，老師的稱讚使我們想要奮發向上，有更好的表現，然後使我們的人生做了一百八十度轉變；它也可能導致不良後果，像是引誘我們節食破功的冰淇淋，或是導致我們對錯誤明知故犯的同儕壓力。它可能激發我們的競爭本能，例如誘人的高薪，或是看見勁敵大幅領先我們；它也可能使我們六神無主，無所適從，例如得知親人重病的消息，或是公司即將被收購。它還可能來自大自然，像是雨聲勾起我們某個美好的回憶。

我們生命中的觸發物無窮無盡。它究竟來自何處？為何使我們做出對自己無益的行為？我們為何對它沒有自覺？我們該如何看出，引發我們暴怒、使我們行為脫軌，或覺得一切在軌道上的觸發時刻，以避免不良狀況，並讓好的狀況重複出現？還有，我們該如何善用觸發物，讓它對我們產生有益的效果？

在我們的生活中，環境是力量最強大的觸發機制之一，而且不一定引發對我們有利的結果。我們做好計畫，設定目標，希望順利達成目標，最後得到幸福。但環境總是扯我們後腿。一聞到廚房飄來的培根焦香，我們就忘了醫生囑咐要降低膽固醇的忠告；同事每天晚上都加班，使我們自覺要和他們一樣努力，以致於一次又一次錯過孩子的棒球比賽；每當手機發出提示聲響，我們就查看所有的新訊息，而忘了凝視身邊所愛的人。諸如此類，都是環境中可能引發我們產生無益行為的觸發物。

我們通常無法控制環境因素，因此我們往往以為，自己無能為力。我們覺得自己受制於環境，只能任憑命運擺佈。但我並不這麼認為。我們手中拿到什麼牌，是命運的安排；但怎麼打這副牌，取決於我們的選擇。

菲爾的頭部重重撞到地上，但他並非只是逆來順受。命運使他跌落階梯，頭部受創，然後復原；但他的選擇是，開始做個更好的鄰居。

你改變最多的行為是什麼？

當你讀到此處，或許會覺得自己被一股熟悉的情緒籠罩。這個情緒含糊不明，但確實存在。這個感覺就是遺憾。每當我們自問，為何沒有成為我們想成為的自己，心頭就會隱約浮現這股遺憾。

為本書做相關研究時，我經常詢問人們一個簡單的問題：「到目前為止，你改變最多的行為是什麼？」我得到的答案五花八門，但最深刻的答案（通常讓人心情翻攪），都是人們回想起自己應該改變，卻沒有改變的行為。他們一想到自己沒能成為自己想成為的那個人，往往會被一股遺憾的哀愁淹沒。

珍奧斯汀（Jane Austen）筆下霸道專橫的凱瑟琳・德波夫人（Lady Catherine de Bourgh）（出自《傲慢與偏見》〔Pride and Prejudice〕一書），在大肆吹噓自己天生對音樂擁有高尚品味後，隨即補上一句：「如果我學過音樂，一定是個傑出的音樂家。」而我們和凱瑟琳夫人不同。當我們想起浪費掉的機會、被擱置的選項、沒有下的功夫、未被開發的才能，心頭會湧現遺憾帶來的心痛，但通常為時已晚。

觸發的一刻

提姆曾是某運動頻道的執行製作人，是個呼風喚雨的人物。當我與他面談時，可以感受到他強烈的遺憾心情。電視台工作在他四十多歲時，嘎然而止，原因出在他與主管處不好。十年後，五十多歲的他只能靠顧問工作勉強糊口。他擁有的專業能力，是許多公司需要的。但他再也找不到穩定的高階工作，因為業界都知道，他和別人處不來。

其實，提姆有好幾年的時間，可以認真面對這個缺點。但他絕口不提這個缺點，直到有一天，即將到電視台工作的女兒請他提供建議，他才真正面對這個事實。

「我告訴她，最重要的是耐心。」提姆說道。「在你從事的行業，每個人隨時都緊盯著時鐘。每個節目都有精確的開始和結束時間。控制室裡螢幕上播放的內容，緊湊到百分之一秒。電視台絕對沒有空檔。永遠有節目要做，時間非常緊湊。這個情況導致每個人都很急。若你是掌控者，你的耐心就會受到極大的考驗。你希望每件事立刻完成，甚至是提早完成。你總是在發號施令，若沒有得到你想要的結果，你可能會感到非常挫敗與生氣。然後你開始把別人當作敵人，因為他們不僅令你失望，而且讓你難看。最後你就開始發怒。」

那是提姆受到觸發的一刻。在說出這番話之前，他一直沒有意識到，自己在職場如此沒有耐心，是受到電視台這個野蠻環境的影響，而這個影響已經滲入他生活的其他面向。

提姆解釋道：「當我發電子郵件給朋友，如果對方沒有在一小時內回覆，我就會生氣，然後開始質問對方，氣他對我不夠重視。基本上，我用對待助理的方式，對待我的朋友。這就是我面對世界的方式。但這個方法是行不通的。」

到最後，是父女間的親密對話，觸發提姆領悟事實，而這個事實令他懊悔萬分。「如果能改變人生裡的某件事，」提姆下了結論，「我會努力讓自己多一點耐性。」

讓它過去吧？

當我們評估自己的現況，並省思一路走來的歷程，心中往往升起一陣懊悔。我們回想自己做了什麼，與自己應該怎麼做相比對，然後發現自己錯失了一些東西，最後感到遺憾萬分。遺憾會使我們感到痛苦。

對於這種深深刺痛內心的情緒，我們卻沒有給予適當的尊重。我們把遺憾當作對自己有益的經歷，然後用否認或合理化將它打發。我們告訴自己：「我犯了一些愚蠢的錯誤，但這些錯誤造就了現在的我。為過去而悔恨無濟於事，我已經得到了教訓，就讓它過去吧！」

這是看待遺憾的一種方式：我們用這種方式保護自己，讓自己不需要因為意識到錯失了一些東西，而感到痛苦。我們安慰自己，沒有人能躲過遺憾（我們不是唯一感到遺憾的人），時間能療癒所有的傷痛（不知道傷痛是否會結束，或不知道它何時會結束，是最令人痛苦的事）。

但我想提供另一種態度：擁抱遺憾（但不要抱得太緊或太久）。我們應該把遺憾帶來的痛苦，視為必然的結果，而不該輕易將它打發走，像驅趕煩人的寵物一樣。當我們做了錯誤的決定，讓自己失望，或令摯愛的人傷心，我們應該感到痛苦。這個痛苦可以激勵，並觸發我們，這次或許搞砸了，但下次可以做得更好。這種強烈的感覺，是最能促使我們改變自己的動力。

如果你和我各盡其職，一起合作，會發生兩件事：一、你會更加接近你想成為的自己；二、你的遺憾會減少。

我們現在就開始吧！

第一部

我們為何沒有成為我們想成為的自己？

OI
Chapter

行為改變**永恆不變的事實**

我擔任高階主管教練已三十多年，曾經幫助許多成功的企業領導人，達成了持久正向的行為改變。雖然絕大多數的客戶，透過這個機會改變了自己，但仍有少數人，一開始顯得不太情願。大多數客戶明白，他們改變行為後，會成為更有效的領導人、夥伴，甚至是家人，但也有少數人不這麼想。

我以直接且一致的方式，協助客戶。我會與客戶的主要利害關係人面談，傾聽對方的意見。這些利害關係人可能是我客戶的同事、直屬部屬，或董事會成員。透過這些面談，我會得到大量機密回饋意見。然後，我將綜合整理過的回饋意見，告知客戶。我的客戶必須對改變行為這件事，負起最大的責任。

然後，我的工作就變得非常簡單：我協助客

戶達成他們想要的持久正向行為改變，但改變成效的好壞，由他們指定的利害關係人來判斷。若我客戶指定的利害關係人認為，他確實達成了正向改變，我就可以獲得酬勞；若他們不認為我的客戶產生了正向改變，我就得不到任何酬勞。

我提高成功機率的方法是，陪伴客戶一步步改變自己，告訴他們如何走在正軌上，如何才不會故態復萌。然而，有兩個重要的事實，是永恆不變的：

事實一：有意義的行為改變非常難以達成

開始改變行為，是件相當困難的事，但要穩健地走在這條路上，就更難了。不過，最困難的是，讓這項改變長久延續下去。我可以說，要讓成人改變行為，是世界上最難達成的任務。

如果你覺得我言過其實，請回答下列問題：

- **你想改變什麼？答案可能是某件重要的事，例如體重（很重要）、工作（也很重要），或事業（更加重要）；也可能是件小事，例如改變髮型、多向母**

親噓寒問暖，或是改變客廳牆壁的油漆顏色。答案只有你自己能決定。

- 這個念頭存在多久了？多久以來，早上起床時，你對自己說：「我今天就要改變。」這個情況持續多久了？幾個月，還是幾年？
- 改變成效如何？換句話說，你能否說出一個明確的時間點，你在那個時刻決定要改變自己，並隨即採取行動，而且成功達成心願？

這三個問題反映出，我們改變自己時，必須面對的三個問題：

1.我們不承認自己需要改變。這可能是因為，我們沒有意識到自己需要改變，但更可能是因為，我們知道自己應該改變，但用各種藉口將現況合理化，否決了改變的必要。接下來，我們將檢視（並設法消除），導致我們抗拒改變的根深蒂固觀念。

2.我們低估了惰性的力量。如果情況允許，我們通常寧可什麼事也不做。正因為如此，我才會猜測，「這個念頭存在多久了？」的答案，是以年為單位，而不是以天為單位來計算。惰性是我們不啟動改變的主因。要跳脫舒適圈（它通常沒有痛苦，而且令人感到熟悉或愉快），開始做一件長遠來說對我們有益，但有難度的事，需要耗費極大的心力。我無法給你這股力量，一切取決於你。但透過強調結構與自我監督的簡單方法，我可以幫助你找到觸發改變的起始點。

3. 我們不知道如何執行改變。動機、了解和能力是不同的事。舉例來說，我們可能有動機想減重，但欠缺對營養學的了解與烹飪能力，以設計並貫徹有效的節食計畫；或是反過來，我們具備了解與能力，但欠缺動機。本書的核心概念之一是，人類的行為由正面與負面環境因素形塑而成。洞悉自身的環境，可大幅提高我們的動機、能力，以及對改變流程的了解，同時可提升自信，相信自己能確實改變。

第一次改變行為

我還清楚記得，長大成人後的自己，第一次堅定改變行為的例子。當時我二十六歲，已經與我的太太萊達結婚，正在加州大學洛杉磯分校攻讀組織行為學博士學位。打從高中開始，我頭頂的毛髮就開始日漸稀疏，但當時，我堅決不承認這個事實。每天早晨，我會在浴室的鏡子前，花幾分鐘的時間，悉心梳理頭頂上僅存的幾縷金髮。我先把腦袋後方的頭髮向前梳，接下來梳出一個螺旋形，在頭頂中央收尾，形成一個彷彿桂冠的髮型。然後我頂著這個欲蓋彌彰的可笑髮型出門，在心中告訴自己，我的樣子和其他人一樣正常。

上理髮店時，我會詳細告訴理髮師，我對髮型的要求。有一次，我在理髮時睡著了，結果理髮師把我的頭髮剪得過短，使得旁邊的頭髮無法蓋過頭頂。我本來可以驚慌失措，然後戴幾個星期的帽子，把頭髮留長。但那天稍晚時，我站在鏡子前，看著鏡中的自己，對自己說：「面對現實吧！你是個禿頭。接受現實的時候到了。」

就在那一刻，我決定把頭頂的稀疏髮絲剃掉，從此以禿頭的面貌示人。這個決定並不複雜，也不難執行，以後上理髮店時，只要簡單理髮就行。但就許多方面而言，這是我成年後，最令我如釋重負的決定。它讓我很開心，坦然接受自己的外貌。

我不太確定，是什麼原因觸發我接受新的髮型。或許是因為我不敢想像，一輩子都要維持在早上梳理這個髮型的習慣；又或許是因為，我意識到自己只是在自欺欺人。

原因究竟是什麼，並不重要。我最大的成就是，我決定要改變自己，並確實執行了那個決定。這並非易事。多年來，我為自己的頭髮費盡心思。以人類做的蠢事光譜來衡量，這個習慣落在徒勞無功與白痴之間。從這個觀點來看，我為這件蠢事耗費的時間，稍微長了點。

然而，這個愚蠢的行為我仍持續做了許多年，因為一、我不願意承認自己是個禿頭族；二、惰性使然。相較於改變自己，我覺得延續自己熟悉的習慣比較輕鬆。我唯一的優勢為，三、我知道如何執行這項改變。與大多數的改變相較（例如，健身、學會新的語言，或增進傾聽技巧），這項改變不需要經過數個月的自律、衡量與追蹤，才能達成，也不需要仰賴別人的配合。我只需要放理髮師一馬，不再給他落落長的指示，讓他自由發揮專長就好。假若我們的行為改變都能如此單純，那該有多好。

事實二：除非我們真心想改變，否則沒有人能使我們改變

這是個不證自明的道理。改變必須發自內心，無法靠命令、要求或強迫得

來。若不是真正下定決心要改變，我們絕對不會改變自己。

一直到從事「改變」工作的第十二年，我才真正領悟這個簡單的道理。那時我已經與超過上百位高階主管，進行過一對一教練。絕大多數的個案都成功了，只有少數幾個案例失敗。

當我檢討失敗案例時，突然悟出一個結論：有些人嘴巴說要改變，但不是真心想改變。我曾在選擇客戶方面，犯了嚴重的錯誤。當時客戶說，他們已經下定決心要改變，於是我相信了他們的話，而沒有深入探究，他們說的是不是實話。

悟出這個道理不久後，我有個機會與哈利合作。哈利是一家大型顧問公司的營運長，他是個聰明、充滿幹勁、使命必達的硬漢型人物，而且擁有驕傲自大與自我感覺良好的特質。他習慣性地不尊重部屬，而且曾把好幾個部屬逼走，投效競爭對手。這個情況惹火了執行長，於是打電話請我給哈利一些協助。

哈利一開始把話說得很好聽，他向我保證，他迫不及待想改變自己。我與許多人面談，包括他的同事與直屬部屬，甚至他老婆，以及正處青少年階段的孩子。他們的說法都一樣：哈利雖然具備許多專業特質，但他仍有很強烈的需要，要證明自己是全場最聰明的人。他永遠要證明自己是對的，永遠要講贏對方。這是個非常累人的習慣，而且惹人厭。若有人因為凡事咄咄逼人而喪失許多機會，恐怕不是什麼令人意外的事。

當我與哈利檢討他的三百六十度回饋時，他說他很重視同事與家人的意見。但每當我提到他應該改進的事項，他就會逐條解釋，自己的問題行為其實都合情合理。他會提醒我，他在大學主修心理學，然後分析周遭每個人的行為問題，並指出他們需要改進的地方。最後，他居然不可思議地要我給他建議，讓他去幫助其他人改變自己。

若早個幾年，我可能會忽略哈利的抗拒行為。基於和他一樣的自負與拒絕承認事實的特質，我會說服自己，我能夠幫助哈利，我有能力解決一般人難以解決的棘手問題。所幸，我想起了早些時候得到的領悟：有些人嘴巴說要改變，但不是真心想改變。我也發現，哈利想利用我們合作的機會，展現他的高人一等，同時扭轉周遭的人對他的誤解，包括他的老婆和小孩。第四次與哈利會面時，我決定放棄。我告訴他，我的教練對他無益，然後結束了我們的合作關係。（我後來得知，他的公司將他解雇，當時我既不開心，也不意外。很顯然，公司的執行長認為，拒絕接受協助的人，在職業與個人領域，都不再有成長空間。）

人們習慣抗拒改變

我經常想起哈利的例子，以提醒自己：即使改變行為對我們百利而無一害，即使維持現狀會危害自己的事業與人際關係，我們仍然會抗拒改變。

即便攸關生死，我們仍可能執迷不悟。人們難以改掉抽煙的壞習慣，就是最好的例子。儘管有癌症的威脅，以及社會上普遍不贊同抽煙的習慣，但嘴巴說要戒煙的抽煙族中，仍有三分之二從來不曾真正付諸行動。曾嘗試戒煙的人當中，十個有九個失敗；而真正戒煙成功的人（也就是動機與自制力最強的人），平均要經過六次失敗，才獲得最後的成功。

相較於其他的行為改變，戒煙相對單純許多。畢竟，這只涉及自制力。這是你和某個壞習慣的對決，不是成功，就是失敗。一切取決於你，只有你能決定結果是什麼，旁人毫無置喙的餘地。

想像一下，若情況涉及其他人，而且這些人的反應會影響你的成敗，難度會提高多少？因為我們既無法預測，也無法控制別人的行為。這就像是網球比賽前的熱身練習，與正式比賽間的差別。

正是這個原因，使成人的行為改變顯得如此困難。若你想成為更好的另一半，或是更好的主管，你不僅要改變自己的行為，還要讓你的另一半或同事認同你的改變。你必須讓周遭的人認可，你的行為正在改變。因為成敗取決於他人的反應，使得這項任務的難度大幅提高。

在你繼續閱讀之前，請好好思索以上這句話。本書的宗旨不在於幫助你改掉壞習慣，例如抽煙，或是半夜想吃冰淇淋的習慣。尼古丁或冰淇淋並非你的目標。本書的宗旨在於幫助你，當你置身於你尊敬與摯愛的人身邊，如何改變自己的行為。他們才是你的目標對象。

持久正向的行為改變之所以如此困難，以及導致我們很快放棄的原因，在於我們必須在這個不完美的世界中，展開這項任務。這個世界充滿了各種觸發物，隨時可能拉扯我們，使我們脫離正軌。

好消息是，改變行為不必然是件複雜的事。當你吸收本書提供的方法時，不要因為我的建議聽起來很簡單，就不把它當作一回事。達成有意義且持久的改變，可能很簡單，遠比我們想像的簡單。

但簡單絕不代表容易。

02
Chapter

觸發性想法阻礙行為改變

從二〇〇一至二〇一三年，彭博（Michael Bloomberg）擔任了十二年的紐約市長。彭博是個不屈不撓的「社會工程師」，他總是努力想幫助別人改變行為（至少他是這麼想）。不論是禁止民眾在公共場所吸煙，還是下令將所有大眾交通工具改為油電混合動力車，他的目標都是促進民眾自我提升。

二〇一二年，在他第三次（也是最後一次）任期的尾聲，他決定向愈來愈普遍的兒童肥胖問題宣戰。他的方法是，禁止店家銷售容量大於十六盎司（譯注：約五百CC）的含糖飲料。

這項規定的優劣，以及規定漏洞導致的不公平，仍有討論的空間。但我們都同意，減少肥胖兒童的人數是件好事。至少，彭博試圖改變引誘人們飲用過多含糖飲料的環境。他的邏輯無懈可擊：現在的消費者（例如，上戲院看電影的人），只要多花幾美分，就可以從十六盎司的飲料杯，升級為三十二盎司。若店家沒有提供這個選項，消費者就會買十六盎司的飲料，並因此減少糖分的攝取。彭博並沒有禁止民眾飲用含糖飲料（民眾仍然可購買兩杯十六盎司的飲料），他只是加入一個小小的障礙，藉此改變人們的行為，就像你把辦公室的門關上，別人若要打擾你，就必須先敲門一樣。

我對這項規定沒有任何個人評價。（我沒有立場評斷好壞。我的任務是幫助別人成為他們想成為的自己，不是告訴他們該成為什麼樣的人。）我觀察這項計畫的推展，純粹當作練習，藉此印證人們是多麼抗拒改變。我熱愛紐約市，好市民是不會令人失望的。

反對「保姆式政府」

果不其然，民眾很快就提出反對「保姆式政府」的異議：彭博這傢伙憑什麼教我怎麼過日子？當地政治人物也表達反對意見，因為彭博沒有事先徵詢他們的意見，他們不喜歡市長的獨斷獨行。全國有色人種協進會（NAACP）認為，市長抵制含糖飲料，同時卻削減學校的體育課預算，這使得這項規定頗有譁眾取寵之嫌。所謂的「家庭式自營商店」也提出反對，因為這項規定把便利商店（例如 7-Eleven）排除在外，而便利商店會對他們的生存構成威脅。電視名嘴史都華（Jon Stewart）則用這項規定來嘲弄市長，因為銷售大容量含糖飲料的二百元罰款，是販賣大麻罰款的兩倍。

這類反應多不勝數。經過一番法律攻防，法官最後裁定這項法規「武斷妄為」。我的看法是：即便個人與社會都會因為某項行為改變而受益，我們仍能找出絕佳的理由，逃避改變。與其試著解決問題，不如攻擊試圖想幫忙的人所提出的點子，這顯得容易許多，且更有樂趣。

輪到自己需要改變行為時，我們發揮天才找出藉口的功力就更強了。我們會依賴一些可能觸發否認、抗拒與自欺欺人效果的想法。這些想法對我們的危害，比藉口更厲害。藉口是當我們令別人失望時，隨口說出的辯解之詞，通常是當場編造出來的。我們之所以不運動，是因為「運動太無聊」，或是「自己太忙」。上班遲到，是因為「塞車」，或「需要緊急處理孩子的事」。我們傷害別人，是因為「迫於無奈，別無選擇」。這些藉口基本上只是成人版的「家裡的狗把我的功課吃掉了」，全都荒謬至極（即使我們說的是實話）。有人願意相信，簡直是不可思議。

然而，我們該如何稱呼，當我們讓自己失望時，所編織的合理化想法？「藉口」似乎不足以描述，這些我們賴以解讀世界的內在信念。期望落空後，我們會用藉口來解釋自己為何失敗。然而，我們的想法卻是導致我們失敗的原因，它會使我們連嘗試改變都不願意。人們把這些想法當成信念，使得不採取行動變得合情合理，然後將結果視為無能為力，且無可奈何。我把這種想法稱為「觸發性想法」（belief trigger）。

1｜只要弄明白了，我就會去做。

我在本書所建議的方法全都行得通。不是「好像」或「有點」行得通，而是一定行得通。我的建議可以幫助你了解，如何縮短「理想中的自己」，與「真實的自己」之間的差距。但了解並不代表，你會確實執行。

我的讀者有時會對我說：「你說的都是常識，全都是我已經知道的東西。」

這是大家對自我成長書籍的共同批評（你可能此刻正這麼想）。我的看法永遠是：「你說的沒錯，但我敢說，你讀到的觀念大多還沒有付諸行動。」你是否曾經參加研討會，或公司舉辦的僻靜工作坊，所有的學員在活動尾聲，都同意接下來該怎麼做，但在一年後，卻什麼也沒改變？明白道理與實行是兩回事。人們知道該怎麼做，並不保證他們會確實執行。這個想法會導致混淆。

這一點同樣存在於接下來的十四個觸發性想法中。你可能早就知道這十五個觸發性想法，但你覺得它們不適用在你身上。而這個念頭同樣值得仔細探究。

2｜我的意志力夠強，不會因為誘惑而放棄。

我們常把意志力與自制力過度神化，並嘲笑欠缺這些能力的人。透過堅強意志力獲得成功的人，被視為「強悍」與「英雄」；需要借助別人的協助或結構的人，則被視為「軟弱」。這個想法簡直太荒謬了，因為很少人能精確衡量或預知，自己的意志力有多少。我們不僅高估自己的意志力，同時長期低估環境中觸發我們放棄的力量。環境具有強大的影響力，會磨耗我們的意志力。

在希臘詩人荷馬（Homer）於公元前八世紀的經典史詩「奧德賽」（Oddyssey）中，主人翁奧德賽在結束特洛伊戰爭後，返回家鄉的路途中，遭遇了許多危險與試煉。途中，他必須經過某個海域，在那裡，海妖賽倫（Sirens）會用歌聲吸引水手靠岸，把他們變成枯骨。於是，奧德賽讓所有水手用蠟封住耳朵，將自己綁在桅杆上，以便他們聽見海妖的歌聲時，不致於發狂。奧德賽知道，光靠意志力，不足以對抗海妖的誘惑。

我們和奧德賽不同的是，很少人能預見自己即將面對的挑戰。因此，我們設定目標時擁有的意志力，通常不及達成目標真正需要的意志力。總是有意料之外的事發生，導致我們脫離正軌。總之，這個想法會觸發過度自信。

3 — 今天是特別的日子。

當我們想為脫軌行為找藉口，任何一天都可以被我們當作「特別的日子」。我們放縱自己，滿足當下的衝動，因為今天是「超級盃」（Super Bowl）比賽日、我的生日、我們的結婚週年紀念日、我的休假日，或是國際餅乾節（十二月四日）。明天一切將恢復正常，我們會回歸原有的自律。

假如我們真心想要改變自己，就要改掉任意把某些日子當作例外的習慣。把暫時的脫軌視為例外事件，會觸發自我放縱導致的前後矛盾，這是行為改變的致命傷。成功的改變不是在一夕之間發生的。這是一場長期抗戰，我們的目標並不是，以特別的日子為藉口，得到即刻的滿足。

4—「至少我比……好。」

因失敗或失落而心情沮喪時，我們會告訴自己：「至少我比〇〇好。」我們放自己一馬，因為自己不是墊底的那個人。我們用這個藉口偷懶，並降低動機與自律的標準。我們會說，其他人比我們還需要改變。這個想法會觸發我們誤以為自己有豁免權。

5—我不需要協助與結構。

最容易導致我們失敗的因素，就是對簡單（simplicity）與結構（structure）的輕視。我們認為自己不需要結構，來幫助我們完成看似簡單的工作。例如，葛文德（Atul Gawande）醫師在《檢查表：不犯錯的祕密武器》（The Checklist Manifesto）一書中指出，若醫師確實遵守檢查表的五點要求，就可完全杜絕加護病房的中心導管感染。這個檢查表的要求包括幾個基本程序，例如，洗手、病患皮膚消毒、插入中心導管後使用滅菌敷料。

多年來，儘管檢查表的成效卓著，多數醫師仍不願遵行。這些經過多年醫學院訓練的醫師認為，經常被地位較低的護士提醒要遵循這些程序，是一件有損尊嚴的事。外科醫師的想法是：「這麼簡單的流程，我不需要靠檢查表來提醒我。」

這個自然反應源自三個互相衝突的衝動：一、我們對簡單事物的輕視（只有複雜的事物，才值得我們費心）；二、我們對指示與後續追蹤的輕視；三、我們相信，我們可以靠自己一個人的力量成功（雖然這信念毫無根據）。這三項因素加在一起，會觸發我們產生「例外主義」（exceptionalism）的想法。當我們妄自認為，自己高人一等，不需要結構的輔助與指導，這代表我們欠缺行為改變最關鍵的一項要素：謙遜。

6 ─ 我不會疲憊，我的熱情也不會減退。

早上起床後，我們準備好要展開一整天的充實工作，我們覺得精神飽滿且活力充沛。但工作幾小時後，我們會開始感到身體疲累，精神不濟。當我們打算達成目標時，我們相信自己的精力不會減少，想改變的初衷也不會減退。我們沒有意識到，自己擁有的自制力其實有限。隨著身體的疲乏，自制力也會動搖，最後可能完全消失。一心一意想按照計畫執行的念頭，會消耗我們。

7 ─ 我有用不完的時間。

有兩種互相矛盾的想法同時存在，導致我們對時間的看法遭到扭曲：一、我們總是低估完成工作所需要的時間；二、我們認為自己有取之不盡、用之不竭的時間，可以用來達成自我改進的目標。（哈！四十三年來，我每年都告訴自己，今年要讀完《戰爭與和平》〔War and Peace〕。）認為自己有用不完的時間，會觸發我們拖延的習性：明天再開始改變自己，不必急於今天。

8—我不會分心，意料之外的事情不會發生。

我們規劃未來時，通常不會考慮意料之外的插曲。進行規劃時，我們總以為自己活在完美的世界裡，可以全心全意專注於自己想做的事。儘管這種全無干擾的情況，從來沒有發生過，我們仍以它為前提做計畫，彷彿這完美的世界一定存在於未來。於是，我們開始著手執行計畫，全然沒有料想，生活中總會發生一些事，打亂我們的規劃，考驗我們的專注力。

我在大學主修數理經濟學，因此我很清楚，「可能性低的事，發生的機率通常很高」這個道理。我們不會把可能性很低的事情納入規劃，因為這些事不太可能會發生。有誰會在出門上班前，預料自己可能會遇到貨櫃車翻覆，導致車子爆胎、發生車禍，或是卡在車陣中？但遇到這三種意外事件任何一者的機率，其實非常高。我們遇到塞車、爆胎和車禍的機率，比我們想像中還要高。誤以為不會有意外事件的想法，會觸發不切實際的期待。

（諷刺的是，某個星期日下午，當我正著手寫這個段落時，我收到一封客戶的電子郵件。信中寫道：「我在工作上遇到突發事件，需要聽聽你的意見。我們現在可以談一談嗎？」這位客戶在那個星期日下午，緊急找我談事情的機率，幾乎是零（因為這個情況從來沒有發生過），但星期日下午發生某些插曲的機率，其實相當高。）

我擔任高階主管的教練時，我們的合作時間通常為十八個月。我會向每位客戶提出警告，這個過程所需時間，會比他們預期的還要長，因為永遠會有危機在過程中發生。我無法預知是哪一種危機，但永遠有合理的事情半路殺出來，例如企業併購、重要人事異動、主要產品回收，然後大幅拉長了他們改變行為所花費的時間。我的客戶雖然無法預知會發生什麼事，但他們應該預期會有事情發生，而這件事會打亂，並拉長他們的行為改變時程。

9 — 某個頓悟將會突然改變我的人生。

頓悟意味我們突然領悟某個道理，進而得到改變自己的意志力。這種情況當然可能發生。走入人生絕境的酒鬼、身無分文的賭徒、即將被公司開除的惡質主管，這些人在某段時間，都會看見一線希望。但更常見的情況是，頓悟會引發奇想（magical thinking）。我個人對「突然變了一個人」這種事，抱持質疑的態度。頓悟帶來的改變只是一時的，這改變沒有太大意義，而且無法長久維持。因為它源自一股衝動，而非策略；建立於期望與祈禱，而非結構之上。

10 ─ 我改變之後，永遠不會故態復萌。

西方社會有個迷思：「只要……，我就能從此過著幸福快樂的日子。」我們相信，幸福快樂是個靜止不動的終極目標：只要我們得到這次升遷，買了那個房子，或是找到理想伴侶，就能得到幸福。

現代社會不斷灌輸我們一個觀念：有一個人，他花錢買了某個產品或服務，然後從此過著幸福快樂的生活。這個洗腦者就是電視廣告。美國人一生平均會看十四萬小時的電視廣告，在這個過程中，我們多多少少會被洗腦。我們輕易相信，自己做的任何正向改變，都可以維持一輩子。有沒有人想過，這個想法是從哪裡來的？行為改變也是如此。我們設定目標，然後誤以為只要達成那個目標，我們就會得到快樂，而且永遠不會老毛病復發。這個想法會觸發誤以為事情將永恆不變的錯覺。

只可惜，永恆不變的事物只是空中樓閣。我曾進行一項名為「領導是一種接觸活動」的研究，針對領導行為的改變，對全球八萬六千人進行意見調查，最後發現與這項想法完全不同的結果。假如我們不做後續追蹤，正向改變就無法持久。這就像減重與維持好身材之間的差別，也就是達成減重目標，與維持這個狀態之間的差別。若欠缺決心與自律，即使我們達成目標，也無法長久保持在理想狀態。我們必須不斷上健身房，而且要一輩子維持這個習慣。

童話故事總是以「他們從此過著幸福快樂的日子」收尾。所以我們稱它為童話故事，而不是紀錄片。

11—問題解決後，不會有新的問題出現。

即使我們知道，改變並非一勞永逸的事，我們也時常忘了，現有問題解決後，新的問題就會接踵而來。我曾在無數客戶身上看到這樣的例子。他們在得到夢寐以求的執行長工作後，確實開心了一陣子，但在開第二次董事會議時，這股興奮感就消失了。「角逐執行長」需要面對的問題，被「成為執行長」必須面對的問題取代。想法十一會使我們對未來的挑戰，產生極大的誤解。

中樂透彩是最好的例子。誰沒有想像過，自己突然發財後，過著無憂無慮生活的景象？然而研究顯示，這些人在中頭彩兩年後，他們的幸福指數就回到中頭彩前的水準。從天而降的大筆財富解決了舊的問題：卡債、房貸與孩子的教育基金。但新的問題立刻隨之而來：親朋好友與慈善機構突然出現在家門前，希望得到慷慨援助。以前他們住在舊社區的廉價房子裡，與老朋友之間總有些老問題；現在他們住在陌生社區的豪宅裡，舉目無親。

12—我的努力必定會換來應得的報酬。

從小到大，父母師長總是教導我們相信，人生是公平的。只要我們盡心盡力付出，必能獲得豐碩的成果。然而，當結果不如預期，我們就會覺得自己被騙了。希望破滅，會引發我們心生怨恨。

我對企業領導人提供教練的前提是，他們想要改變，是因為他們發自內心相信，這是應該做的事：改變行為可以使他們成為更好的領導人、團隊成員與家庭成員，進而提升周遭的人的生活品質。改變行為可以幫助他們實踐自己的價值觀。假如他們是為了外在因素（升遷或賺更多錢），而想要改變行為，我就不會與他們合作。理由是：一、沒人能保證我們會得到我們想要的結果；二、若報酬是唯一的動機，他們最後仍然會老毛病復發；三、我只是在幫助心口不一的人獲得成功。

「變得更好」本身就是獎賞。若我們這麼想，就永遠不會覺得自己被欺騙了。

13 — 沒有人會發現我所做的事。

我們以為，偶爾回歸壞習慣也沒有關係，因為沒有人會注意我們做了什麼。以為自己是隱形人的想法，會促使我們想要孤立自己。更糟的是，別人或許不會注意到，我們緩慢且持續不斷的進步，然而，只要我們一回歸原來的行為，別人總是會立刻發現。

14 如果我改變了，我就「不再是我自己」。

許多人誤以為，我們現在的所做所為，不但定義了自己是什麼樣的人，同時代表恆久不變的真實自己。如果我們改變了，就背叛了真正的自己。這個想法會使我們頑強固執。我們拒絕隨情況調整行為，因為「那不是我的作風」。

舉例來說，我不時會聽到客戶說：「我不善於肯定別人，那不是我的作風。」於是我會反問他，他是不是患有某種不治之症，導致他無法給別人應得的肯定。

我們不僅能夠改變自己的行為，也能改變我們的自我定義。當我們把自己放進「那不是我的作風」的框架，就永遠無法改變自己。

15 我能夠公正地衡量自己的行為。

我們對自己的衡量，永遠是最不公正，也最不精確的。根據我對八萬多名專業人士的調查，當我請他們衡量自己的績效時，有七〇％的人認為，自己位居同儕團體的前一〇％；有八二％的人，認為自己位居同儕團體的前二〇％；有九八．五％的人，把自己放在同儕團體的前半段。當我們成功時，通常會把功勞往自己身上攬；失敗時，則往往怪罪於環境或其他人。這個想法會使我們變得不夠客觀。它使我們相信，別人總是高估自己的能耐，而我們對自己的評估，是公正且精準的。

過度自信、頑強固執、奇想、混淆、怨恨、拖延等等，都是我們在改變自己的過程中，背在身上的沈重包袱。

這些合理化想法有些很深刻，而有些很愚蠢。但它們都無法完全說明，我們為何無法成為我們想要成為的自己，以及我們為何在某一天計畫要改變自己，卻在幾小時或幾天後，輕易放棄了這個計畫。

我們之所以不按照計畫改變自己，是基於一個更強大的因素。這個因素遠比冠冕堂皇的藉口，或是我們堅信的觸發性想法更厲害。這個因素就是環境。

Chapter 03

重點在於**環境**

大多數人對於環境如何形塑我們的行為，渾然不覺。

我們開車時，很容易因為其他人在塞車路段的惡劣駕駛行為，而感到暴怒。這並非因為我們有反社會性格，而是因為當我們坐在駕駛座上，看到周遭的駕駛極為粗魯急躁的開車方式，這個情境會觸發我們一反常態，不再是那個溫和平靜的自己。我們在無意間，進入一個急躁，且充滿競爭意識與敵意的環境中，而這個環境會改變我們。

當我們對餐廳提供的餐點感到失望，於是遷怒服務生，並對餐廳領班惡言相向（這些人都與餐點的製作無關）。這並非因為我們平常總是和法國貴族一樣養尊處優。我們的反常行為是受到餐廳這個環境的觸發，因為我們認為，花大錢用餐，就該得到尊榮禮遇。置身於「花錢是大爺」的環境裡，我們就會隨著這個環境調整行為。出了這家餐廳後，我們就回歸模範市民的行為：包容而且有禮，一點也不蠻橫。

即使我們意識到環境的因素，並樂於處在這個環境中，仍難以不受它的影響。三十年前，我因為工作的關係，開始成為空中飛人。當時，我總是把搭機時光視為閱讀與寫作的理想環境：不能使用電話，沒有電視螢幕，沒有任何干擾。我並不討厭經常搭飛機出差，因為我在那段時間的生產力特別高。然而，隨著飛機上的娛樂服務越來越多，從公共螢幕播放一部電影，擴大為無線上網服務與五十個隨選頻道，我的生產力就急遽下降。原本毫無干擾的寧靜時光，開始令人分心與浮躁。我很容易受到引誘而分心。在飛行跨越好幾個時區的那段時間，我原本可以專心完成一些工作，或是好好補眠，但我往往會連看兩、三部沒有營養的電影。

過去，當我步下飛機時，總是為平安降落而心喜，並準備好要展開下一個工作；而現在，我總是責怪自己，為何白白浪費待在飛機上的時間。我覺得自己失去了自制力。另外，我也注意到，過去我下飛機時，總覺得自己得到了放鬆與休息。但現在，我總覺得更累、更虛脫。幾年之後，我才意識到，飛機上的環境改變了，而我的行為也隨之產生變化，但不是變得對我更有益。

我們的死敵：環境

如果我想透過本書「治癒」某種「疾病」，那麼這個疾病就是，我們對環境的徹底錯誤認知。我們以為環境與我們站在同一陣線，但事實上，它是我們的死敵；我們以為環境在我們的掌控之中，但實情是，我們被環境玩弄於股掌之上；我們以為，外在環境是我們的助力，但其實，它會不斷消耗我們的精力。環境無意幫助、給予我們什麼，它只想從我們身上奪走一些東西。

若你覺得我把環境視為生活中的敵人，你的感覺沒有錯，這正是我的目的。我希望大家能把周遭環境想像成一個人，一個坐在我們對面，張牙舞爪，而且活生生的死對頭。環境不只是我們周遭無形體的空間。它不像空氣，供我們任意使用，但不會影響我們的行為舉止。事實上，環境是個永不止息的觸發機制，隨時對我們的行為產生不可忽視的影響。將環境擬人化，並非只是好玩的比喻，而是一種策略，幫助我們看清敵人的樣貌。（在某些情況下，我甚至建議你為周遭環境取個名字。）

當然，環境並非永遠與我們作對。它有時是個天使，使我們感到人生無限美好。例如，當我們參加婚禮、同學會，或頒獎餐會時，我們感受到全場瀰漫著同是一家人的情誼與喜悅。每個人互相擁抱，並承諾要保持聯絡，不久後再相約。（當然，當我們回到日常生活中，也就是置身於不同的環境時，這種感覺立刻就煙消雲散。環境的變化改變了我們，使我們忘了這些承諾。我們不追蹤後續發展，沒有彼此保持聯絡。我們的前後行為形成強烈對比。有些環境會激發我們的善良特質，有些則使我們原有的善意消失無蹤。）

不過在大多數時候，環境會與我們作對。它會迷惑我們：一進入新環境，我們的行為就悄悄起了變化，不論當我們與同事開會，或是到朋友家吃飯，還是每星期例行性打電話給日漸年邁的父母。

我舉個例子。我的太太萊達和我都不是尖酸刻薄的人。我雖然在工作時，必須指出人們需要改進之處，但在日常生活中，我努力不隨便評斷他人。我會努力接受別人的小缺點，並「放下一切」。萊達不必像我這般刻意，因為她永遠是所有人當中，最有包容力的人。但每當我們到住在附近的泰芮和約翰家吃飯，我們就會變了一個人。

泰芮和約翰是一對很爆笑的夫妻，但他們的幽默來自尖酸刻薄的世界觀。他們對於每件事，不論是我們的朋友、政治人物，或鄰居家的寵物，都非常毒舌，幾乎到了惡毒的地步，彷彿他們正在為拷問名人的電視節目試鏡。在一次晚餐結束後，萊達和我回想當晚的對話，我們都對自己發表的尖銳言論感到訝異。那不是我們的作風，於是我們努力尋找自己為何反常發言的原因。我們得到的結論是，唯一的影響因素是，與我們在一起的對象，以及我們身處的情境。換句話說，就是我們的環境。這情況就像是，當我們與說話輕柔的人對話時，會不自覺地輕聲細語；與說話像連珠炮的人對話時，我們也會加快說話速度。與泰芮和約翰在一起時，我們的觀點也會被他們的黑色幽默感染。

改變某個因素

有時候，只是改變某個因素，就會使一個理想的環境變成一場災難。這個因素並沒有改變我們，但會改變環境中的其他人，以及他們的反應。多年前，我受邀到一家顧問公司的合夥人外地會議進行演講。雖然我過去與這家公司的合作經驗非常愉快，但這次的情況卻顯得不太對勁。現場沒有情緒交流，也沒有人捧腹大笑，只看到一群精英份子正襟危坐。我後來終於發現，房間裡的溫度太高。神奇的是，當室內溫度一調低，現場氣氛立刻丕變。從此以後，每當受邀演講時，我會像個要求休息室裡只能放紅色M&M巧克力的搖滾巨星一樣，堅持演講場地必須夠涼爽。因為我深知，環境的一個小環節，可能會改變一切*。

對我們毒害最深的環境，會危害我們的是非觀念。在競爭極度激烈的職場中，即使是最堅定的人，也難逃這樣的毒害。

我曾與歐洲某大集團的一位高階主管卡爾合作。卡爾的工作績效卓著，採取

---

*在那之後，我得知「深夜秀」（Late Show）主持人賴特曼（David Letterman），會要求在節目開始錄影前，把攝影棚的溫度調至攝氏十三度。賴特曼曾在一九八〇年代，對攝影棚的溫度進行實驗。結果發現，在攝氏十三度時，觀眾對他講的笑話最有反應。因為在這樣的環境中，聲音比較清脆，觀眾的注意力也比較集中。

高壓獨裁的管理方式：緊盯不放、嚴格，且苛刻。大家都知道他瞄準了執行長大位。為了達成這個目標，他會無情地逼迫部屬，助他成就大業。他的格言是：「拿出數字成績」。若有人反駁他訂的數字，或表示他的目標強人所難，就會被他解雇。對於留下來的部屬，他總是對他們大吼：「不擇手段，達成目標！」於是，他的團隊為了達到目的，開始走捷徑。有些人的行為遊走在道德灰色地帶，有些人則明目張膽地跨越道德的界線。在卡爾創造的環境裡，員工不認為自己有道德淪喪的問題，只認為這是他們唯一的選擇。

終究，紙包不住火。卡爾團隊的問題行為被揭露後，公司花了數千萬歐元收拾殘局，聲譽的損害就更別提了。卡爾辯解說：「我從來不曾要求部屬，做任何違背道德或法律的事。」他根本不必開口，他創造的環境充分傳達了他的意志。

到底是為了誰？

即使與處得很好的朋友一對一互動，環境也可能改變我們原有的行為。我們可能把朋友當作陌生人，絕情對待，彷彿我們以後不會再見面一樣。

幾年前，我曾為某公司的營運長，進行三百六十度回饋意見調查，因此有機會與賈姬訪談。過程中，我們在無意中離題，談到了她的工作對情緒產生的負面影響。賈姬的樣子表現出，她很希望談談某件令她深感困擾的事，於是我安靜地聽她說。她在公司的銷售部門從事法務工作，主要負責聘雇相關業務。她的職責之一，是與銷售主管達成解雇協議，不論對方是自願或被迫離職。

「這份工作並不好做，」她說，「對方正處於非常脆弱的時刻，大多數人對未來沒有任何規劃。我必須維護的是公司的利益，而不是他們的權益。」

賈姬特別想談的是，她曾經處理過的某位主管。她和對方曾上同一所大學，多年後因為在同一家公司共事，再度聯絡上。他們經常在公司碰面，也有某種程度的私交。賈姬的工作是與這位同事談妥離職條件，離職協議內容相當制式，也算優渥。唯一需要協商的是，來自對方客戶的持續性業績，有多少歸他，有多少歸公司。

出於她自己也不清楚的理由，賈姬以非常強硬的姿態與對方協商。她使出渾身解數，經過數週電郵與電話的往返交涉，最後為公司取得絕大部分的利益。

一開始，我不明白她為何要對我說這些事。「你只是發揮專業，善盡職責而已。」我對她這麼說。但她顯然對自己的行為深感困擾。

「我也是這麼告訴我自己。」賈姫說。「但這個人是我的朋友，我應該對他釋出多一點的善意。結果，我為了兩萬美元的資遣費，與他周旋很久。這個數字對公司來說，根本是九牛一毛；但對一個即將失業的朋友而言，卻是一大筆錢。我這麼做到底是為了誰？公司一點也不在乎。但這件事卻是我職業生涯中，最令我感到後悔的一件事。」

我真希望，那時我有足夠的智慧，能好好安慰她。但這件事發生在十年前，當時的我還沒有清楚意識到，環境的負面影響力。

當然，我現在知道問題癥結何在。身為公司的法務人員，賈姫必須與員工採取敵對立場。她很習慣為公司據理力爭，就連芝麻綠豆大的小事也不放過。在她任職的銷售部門，每個人的業績是上升還是下滑，誰能榨出最後一滴利潤，所有人都看在眼裡。而賈姫希望讓別人看見，她確實善盡職責，也希望藉此展現她對公司的價值。只可惜，利潤取向的環境助長了賈姫的強烈企圖心，卻模糊了她的是非觀念。想成為專業談判者的熱情，導致她在為人處世上，跌了一跤。

處處是危機

有些環境經過精心設計，目的就是想引誘我們，做出對自己無益的事。我們在高檔精品購物中心，一不小心就會血拼過頭，就是最好的例子。我們可以怪罪於商家精心打造的購物體驗，從燈光效果的營造、色彩的選擇與安排，到走道寬度設計。購物中心力求無限擴大我們的欲望，解放我們的荷包。

但真正奇怪的是，購物中心處於被動狀態，它並不像在暗巷跳出來打劫的搶匪，能夠主動出擊。是我們選擇讓自己置身那樣的環境。而根據過去經驗，我們知道那個環境會促使我們一時衝動，買下自己既不需要，也不想要的東西。（當我們沒有明確的購物清單，出於不能空手而回的模糊想法，我們亂買東西的情況就更加嚴重。）我們跳入自己挖掘的墳墓。賭場或線上購物網站對我們就更不利了，因為有一群非常聰明的人，絞盡腦汁只為了達成一個目標：精心設計每個環節，使消費者盡可能留下來，多花一點錢。

其他的環境可能不像高檔精品店那般處心積慮，但仍處處充滿危機。例如，我們總是希望每天能好好睡覺。睡眠不足已成為全國性的現象，有三分之一的美國成人，深受其害（青少年的失眠情況，其嚴重性是成人的兩倍）。

睡覺應該不是難事。

我們都有想好好睡覺的動機。有誰不想在早上起床後，精神奕奕，且元氣充沛，而不是睡眼惺忪，懶散無力？

我們也了解自己每天需要幾小時的睡眠。這只是簡單的算術問題。如果我們需要一早起床上班或上學，而且需要六到八小時的睡眠，我們就可以往前推算，知道自己應該在晚上十一點左右上床。

我們也能掌控狀況：睡眠是一種自我調節活動，而且環境（我們的家）完全在我們的掌控之中。我們可以決定幾點上床，也可以選擇睡眠環境，從房間、床鋪，到寢具，都可以自己安排。

那麼我們為何不做自己該做的事？為何要熬夜，遲遲不上床睡覺，最後弄得睡眠不足，起床後仍然覺得很累？

睡好覺的秘密

我認為問題在於，我們對於環境對行為的影響，有非常嚴重的誤解。這個誤解形成了，荷蘭烏特勒支大學（Utrecht University）睡眠研究專家所謂的「睡覺時間拖延」現象。我們到了上床時間卻遲遲不去睡覺，是因為我們寧可停留在現有環境中，看午夜時段的電影、玩電玩遊戲，或是清理廚房，而不願移動到相對寧靜且舒適的臥房。我們是在兩種互相競爭的環境之間做選擇。

不過，因為我們不知道環境會影響我們的選擇，於是沒有做出正確的決定（也就是立刻上床睡覺）。出於惰性，我們繼續做手邊的事，完全沒有意識到，好好睡一覺，並非是累了一天自然應得的結果，而是必須養成習慣才能獲得的。假若明白環境會破壞我們的睡眠習慣，我們就會改變自己的行為。我們就會放下手邊的事，關掉手機、iPad與筆電，把電視移出臥房，乖乖上床睡覺。

如何透過自律而非機運，學習改變行為，改掉壞習慣，養成好習慣，是本書的主旨與承諾。

但首先，我還要告訴你一個壞消息。我們的環境並非靜止不變，它會隨時改變。這是個移動標靶，我們很容易就會錯失靶心。

當我們想到環境，很可能把它視為一個廣闊的空間，裡面有一些對我們產生重要影響的因素：家人、工作、學校、朋友與同事、社區鄰里，以及職場。它像個無邊界的國度，隨時提醒我們，自己的身份定位是什麼，但不會影響我們的決定或行為。

事實如果是這樣就好了。

我比較關切的環境，其實是範圍比較小、比較明確的情境，這些情境千變萬化，隨時在改變。每當我們進入新的情境，面對新的時空與人事地物，我們就置身於新的環境中。這時，我們的目標、計畫，與行為一致性，就有可能動搖。這是個單純的互動關係：變動的環境會改變我們。

一天的不同角色

一個母親早上起床後，在家裡悠閒地為家人做早餐，然後送孩子上學，自己再去上班。當她進入辦公室後，立刻去參加公司創辦人主持的預算會議。在家裡，她最大，於是她成為一個負責任的領導者，照顧家人，要求孩子聽話，期待得到尊重。職場是個截然不同的環境。她仍然是有自信、有能力的人，但不論出於刻意還是無意，她會在開會時微調自己的行為。她會聽從主管的指示，留意同事的對話與肢體語言。她一整天都會隨著情境，不斷調整自己。環境發生變動，她也跟著改變。

這位女性的行為，並沒有任何不真誠之處。這是職場生存策略，尤其當你無法完全掌控自己身處的情境時。

就算這位女性是公司的老闆，情況也不會有任何差別。領導人也必須因應環境，調整行為。一家大型工程公司的最高主管曾對我說，作為數一數二的國防工程承包商，她的公司在不同的政府承包案中，隸屬於不同的安全許可層級。因此，當她對公司內不同單位傳達訊息時，必須極度謹慎。聯邦政府要求她，在任何時候只能揭露部分訊息。她可以對某些人揭露某些機密資訊，但必須對其他人保密。因此，她對環境與行為的連結極度警覺（稍有差池，就可能損害公司的聲譽，甚至讓自己鋃鐺入獄。）

我請她做個練習，記錄她在一天當中，隨著環境的變動而必須扮演哪些不同角色。後來，她告訴我，她必須扮演九種不同的角色：面對公司員工時，她是執行長；在公開場合，她必須代表公司發言；與設計人員在一起時，她是個工程師；面對潛在客戶時，她是個銷售員；接待來訪的貿易團時，她要當個外交家，諸如此類。我們大多數人並不需要像她這樣，因為法律的要求，清楚意識到自己的不同角色。

以為對環境免疫

我們的環境會因為情境而產生變化，這個觀念正是我與客戶進行一對一教練的重點。這並不是因為那些聰明絕頂的高階主管，不知道自身的處境隨時隨地在改變。他們非常清楚這件事。不過，由於位階的關係（他們通常是在場人士中，權力與地位最高的人），他們很容易就誤以為，自己對環境的負面影響免疫。基於一時的錯覺，他們真的以為自己可以控制環境，而不是受環境控制。這些企業最高主管整天感受到的是，眾人的唯命是從與阿諛奉承，因此，他們有這種錯覺是可以理解的。並非應該，但可以理解。

舉個例子。我在二〇〇八年，擔任倫敦一位高階主管的教練。這位主管名叫納汀，他是巴基斯坦人，但在年幼時隨家人移民到英國。他畢業於倫敦政治經濟學院，並在某大型消費品公司，成為公司前五大高階主管之一。納汀具備了執行長接班人的所有優點：聰明、帥氣、工作勤奮，而且受到直屬部屬的尊敬（甚至「喜愛」）。但納汀的完美形象，出現了一些小瑕疵。於是，執行長請我設法加以排除。

我們都知道，有一些人會令我們特別緊張，誘發我們產生不好的行為。與這些人相處時，我們會變得敏感緊張、脾氣變差、好爭辯、無禮，然後在事後，我們會為自己的反常行為向大家道歉。但我們鮮少把自己的反常行為，與這些人連結在一起。納汀的情況就是如此。當我找他的同事了解情況時，有一個主題一再出現：納汀是個很好的人，但只要行銷長賽門一出現，他就會變了一個人。

我問納汀，他和賽門有什麼過節。「他有種族歧視。」納汀回答我。

「這是你個人的意見，還是你有證據支持這個看法？」我問他。

「這是我個人的意見。」他說，「但我可以感受到他的種族歧視心態，難道這不算事實嗎？」

我從納汀的同事得到的回饋意見是，賽門特別喜歡在會議上激怒納汀。這並非出於種族歧視，而是因為賽門在出身背景與名校學歷的加持下，有種自以為了不起的優越感，同時養成自負與辛辣毒舌的習慣。他利用冷嘲熱諷來提醒大家，他來自名門世家，一方面貶抑他人，一方面炫耀自己的出身。他雖然不好相處，但並非種族歧視者。

情境誘發的行為

納汀總是對賽門的挑釁反應過度。每當賽門在開會時挑戰納汀的看法，基於過去數十年來，英國與巴基斯坦之間的種族仇恨與衝突歷史，納汀會覺得自己不能示弱。

「如果我容忍他的鬼話，別人會覺得我很軟弱。」納汀說。因此，他必須做出反擊。

對納汀來說，這是種族議題，但只有他一個人這麼想。對他的同事而言，納汀雖然極力提倡團隊合作，但所做所為卻恰好相反。這使得他在同事眼中，成為一個言行不一的人。

我的任務是讓納汀看清下列事實：

- **他的行為對他不利；**
- **這種偏差行為只發生在賽門出現的時候；**
- **每當賽門出言挑釁，就會引發他產生偏差行為；**
- **他必須改變自己，因為他不能仰賴賽門先進行改變。**

重點在於，讓納汀明白，他的行為是情境誘發的，而只有賽門會觸發這個情境。每當納汀意識到自己處於「賽門環境」（這是他為這個環境取的名字），他就會提高警覺。提高覺察力是他徹底改變自己的一大要素（但並非唯一要素）。

我們會在第二十章，詳述納汀如何改變自己的行為，同時贏得同事與仇人賽門的尊敬。這是個令人鼓舞的故事，納汀的告白尤其令人動容。這個故事可以充分說明，成人的行為改變帶來的最大好處。

但此刻我們只需要明白，環境會隨時隨地觸發我們產生某些行為。如果我們不創造與控制環境，環境就會反過來塑造與宰制我們。結果就是，我們會變了一個人，而自己也不明白為何會如此。

04
Chapter

找出我們的觸發物

身為納汀的教練，我得以與他的同事和直屬部屬訪談，聽見他們對納汀行為未經掩飾的看法。我可以得到納汀無從得知的寶貴回饋意見。剛開始與每個人訪談時，我必須東戳西挖，才能得到真相。因為大家都是本性善良的好人，不想揭同事的瘡疤，或表現出惡毒行為。有時候，儘管我再三保證他們的匿名性，他們仍擔心說真話會遭到報復。但最後他們都會明白，說實話對大家都有好處，於是，他們就會開始對我說真話。

一般來說，進行訪談時，我總是請對方根據親身經驗，說出我的客戶的優良或不良行為。而他們鮮少提到，這些行為是在什麼環境中出現。我必須詳加追問，他何時會表現出這種行為，當時和誰在一起，他為何會產生這種行為，才能得到我要的資訊。後來，受訪者會主動說出，我的客戶在什麼情況下，會產生不良行為，例如，當他「備受壓力」、「急著在時限內交差」，或「身兼數職」時。漸漸地，他們開始意識到，環境對行為產生的強大影響＊。

關於納汀的回饋意見，也是如此。他的同事會提到，納汀在會議中表現出來的防衛行為。但經過我無數次追問，他們才將這個行為與賽門的出現，連結起來。

回饋意見（不論接受還是給予），是我們對環境與行為之間的連結，有更高敏銳度與覺察力的第一步。回饋意見可以教導我們，把環境視為觸發機制。有時候，回饋意見本身就是觸發物。

以開車為例，當我們開車時，會得到各種回饋訊息，但我們會忽略其中大部分的回饋訊息，只有某些訊息，會促使我們產生正確的駕駛行為。

＊當然，受訪者大多不是根據邏輯推論，得到這個結論。至少不是在一次談論別人的訪談中，立刻得到這個結論。

如何使人不超速

假設你正在鄉間道路上開車，法定速限為五十五英里。你知道自己即將進入某個小鎮，因為在你半英里路前，看到「前方速限三十英里」的標示。那個標示只是警示，而非要求，因此，你並沒有減速。三十秒後，你進入了小鎮，路旁的道路標示寫著「速限三十英里」。此時，你可能會遵從這個指示，但若你和大多數駕駛一樣，你會維持原來的速度（或只稍微減速），因為你一直處於五十五英里的開車情境。相較於改變現況，維持原有模式是比較輕鬆的選項。只有當你看見路邊有交通警察，才會遵守時速三十英里的規定，因為你不希望拿到超速罰單。

所有的已開發國家，都想解決超速駕駛的問題。我住在聖地牙哥北邊的社區。聖地牙哥高速公路的速限為六十五英里；切到聖地牙哥的主要幹道時，速限降為四十五英里；到了學校與住宅區時，速限再降到三十英里。但多年來，這裡的駕駛對速限標示總是視而不見。政府試了各種方法，包括更高的罰金，都無法有效減少超速行為。直到主管單位安裝了雷達測速顯示器，情況才獲得改善。

他們在路邊安裝雷達測速顯示器，上面會顯示「你現在的速度」，並在這個裝置上，附加當地速限的標示牌。你可能曾經看過這樣的裝置。當你發現測速顯示器上的數值超過速限，很可能會立刻踩剎車減速。隨著感應科技成本越來越低廉，雷達測速顯示器的使用越來越廣泛，其成效也顯得越發顯著。裝了測速顯示器後，民眾遵守速限的情況從三〇％，提升到六〇％，而且效果可以維持好幾英里。

雷達測速顯示器（或稱為駕駛回饋系統）能夠發揮功效，是基於行為學的「回饋迴路」（feedback loop）概念。測速顯示器會衡量駕駛的行為（也就是超速），並即時將此資訊傳遞給駕駛，促使駕駛做出反應。這是由行為、資訊與反應形成的迴路。當駕駛做出反應，產生行為，又會驅動下一個迴路，以此類推。汽車駕駛只要看一眼測速顯示器的數值，會立刻改變行為。由此可見，回饋迴路是非常有效的行為改變工具。

啟動回饋迴路

回饋迴路包括四個階段：證據、關聯、後果，與行動。當你知道這個原理，就會明白，測速顯示器為何可以產生這麼好的效果。透過測速顯示器，汽車駕駛會即時得知自己的車速（證據）；這項資訊會引起他們的注意，是因為顯示器上附加了速限標示牌，顯示他們是遵守或違反規定（關聯）；當駕駛意識到自己超速，會開始擔心收到罰單，或發生車禍（後果）；於是他們就會降低車速（行為）。

基本上，我在所有的一對一教練工作中，一開始做的就是啟動回饋迴路。舉例來說，與納汀合作時，我的第一步是讓納汀看見證據：把同事的回饋意見告訴他。這些人對納汀行為的描述，會讓他很有感覺，因為提供訊息的人，是他很看重的人。因此，這些訊息具備直接而明確的關聯。回饋迴路的第三階段「後果」顯而易見：假如納汀不改變賽門在場時，自己的一貫行為，他就無法成為有團隊精神的人，結果可能會損害他的職涯發展。

這時，究竟該怎麼做，答案已經很清楚。當納汀清楚看見證據、關聯與後果之後，就能毅然決然採取行動，完成這個迴路。他會對賽門的挑釁言行視而不見，也會忍住不與賽門爭論。他會設法得到賽門的認可，重拾同事對他的尊敬，並重振自己的聲譽。每次他在賽門出現時展現自制力，就更加能掌握這項能力，並擁有更多自信，知道自己的做法是對的，同時讓同事對他改觀。這個迴路可以一直循環下去，前一個行為會引發新的行為，幫助納汀不斷接近自己的目標。

這就是回饋迴路能觸發理想行為的原理。將回饋迴路拆解為證據、關聯、後果與行動這四個階段後，我們對世界的看法從此改變。我們會突然明白，自己的良好行為其實並非隨機產生，而是非常合乎邏輯。它有模式可循，合情合理，在我們掌控之中，而且可以重複發生。基於這個道理，當患有肥胖症的人得知自己患有糖尿病，若不大幅改變生活方式，可能導致死亡、失明或截肢時，終於（而且是立刻）願意負起責任，控制自己的飲食。死亡、失明與截肢是我們可以理解，而且無法置之不理的後果。

不知不覺隨著環境改變

我不想太過深入回饋迴路的理論。這個原理非常複雜，而且幾乎可以應用在任何事物上。光合作用是陽光與植物間的回饋迴路作用。當油電混合動力車的車主（例如，當我開福特 C-Max 時），不斷查看儀表板的油耗數值，隨時調整車速，以創造最佳油耗（這種人被稱為「超省油開車族」），就處於回饋迴路中。冷戰時期的武器競賽，東西方世界不斷提升軍備，力圖勝過對方，可能是史上最昂貴的回饋迴路。

基於我們的目的，我們只需要聚焦於環境與行為形成的回饋迴路就好。

環境的觸發能力，與回饋迴路很相似。因為環境會不斷提供對我們有意義，且影響我們的資訊，並因此使我們改變行為。但環境與回饋迴路的相似處，僅止於此。設計良好的回饋迴路，會激發理想的行為；而環境觸發的，通常是不良行為，而且是在不知不覺中，使我們違背自己的意志與判斷力。也就是說，我們並沒有意識到，自己已經隨著環境改變了。

這個現象使一個顯而易見（至少對我而言，非常顯而易見）的問題浮上檯面：假如我們能控制環境，使它像設計精良的回饋迴路一樣，觸發我們產生理想行為，那會如何？環境不再阻礙我們，而是推動我們達成目標；它不再使我們對周遭狀況渾然不覺，而是變得機警敏感；它不再使我們封閉自己，而是敞開自己。

要達到這個目的，我們必須先釐清觸發的定義：

行為觸發物就是，可能影響我們行為的任何刺激物。

這個定義相當廣泛。因此，我們可透過進一步的區分，深入了解觸發物如何影響我們的行為。

1—行為觸發物可能是直接或間接的

直接觸發物會立即引發明顯的行為，觸發事件與你的反應之間，沒有任何中間過程。看到一個快樂的嬰兒，你會露出微笑；有個小孩追著籃球跑到馬路上，衝到你的車子前方，你會立刻踩剎車。間接觸發物在影響你之前，會先經過一段迂迴的過程。當你看到一張全家福合照，你的腦海會先浮現一連串的思緒，最後促使你拿起電話，打電話給你的姊姊。

2—觸發物可能來自外在或內在

外在觸發物來自環境，不斷轟炸我們的五官與大腦；內在觸發物來自與外在刺激無關的想法或感覺。許多人透過靜坐，消滅他們稱之為「內在聲音」的內在觸發物。同樣的，當你獨自沈思某個問題，有個點子突然浮現腦海，這個點子就是內在觸發物，它會激發你採取行動。這個點子究竟從何而來，沒有人知道。但只要它能激發行為，就和任何外在提示一樣正當可信。

3—觸發物可能是有意識或無意識的

有意識的觸發物需要仰賴覺知。你知道當手指碰到熱盤子時，你為何會立刻縮手；無意識的觸發物則在你的覺知範圍外影響你。例如，雖然人們經常談論天氣，但我們通常沒有察覺到，它會影響我們的心情。在晴天問人：「你的快樂指數是多少？」這個問題，人們的反應顯示出他們比較快樂；在天氣不好時提問，人們顯得比較不快樂。當你問他們，天氣是否影響他們的給分，他們大多會否認。天氣是無意識的觸發物，它在不知不覺中，影響人們的給分。

4 — 觸發物可能是意料中或意料之外的

我們會預先知道，意料中觸發物的出現。例如，在超級盃比賽正式開始前，我們會先聽到國歌，並預期在國歌結束時，聽見眾人發出歡呼聲。國歌會引發可預期的反應。（反之亦然，我們知道貶低他人的言語會激怒對方，所以我們會避免使用這些語言。）意料之外的觸發物是突然出現的，因此會引發不尋常的行為。我的朋友菲爾並沒有料到自己會跌落樓梯，但這一跌，觸發他想要改變自己的強烈欲望。

5 — 觸發物可能是激勵性或抑制性的

激勵性觸發物使我們持續，或更努力做自己正在做的事。它會產生增強的效果。當筋疲力竭的馬拉松選手看到終點線，會激勵他繼續向前跑，甚至開始衝刺。看見其他選手超越自己時，也會有相同的激勵效果；抑制性觸發物促使我們停止或減少自己正在做的事。假如我們在電影院裡聊天，旁邊的觀眾對我們發出噓聲，會使我們意識到，自己打擾了別人，於是我們會停止聊天。

6—觸發物可能產生正效果或反效果

這是最重要的區別。產生正效果的觸發物，會激發我們成為想要成為的自己；產生反效果的觸發物，會阻礙我們達成目標。

觸發物本身並無好壞之分，差別在於，我們對它的反應。例如，立意良善，且支持小孩的父母，可能使某些小孩產生正向自我形象，但也可能被另一些孩子視為「管太多」。有兩個孩子以上的父母，都非常清楚這件事。父母以同樣的關愛方式照顧孩子，其中一個孩子可能對此心懷感恩；另一個孩子卻因此產生叛逆心態。同樣的父母，同樣的觸發物，但孩子的反應大不相同。

想要與需要

若要充分了解原因，我們需要仔細檢視觸發物的最後兩個面向：激勵性或抑制性，以及正效果或反效果。這兩個面向反映出，「想要」與「需要」之間，永遠存在的對立關係。我們想要獲得即刻滿足，卻需要長遠的益處。這樣的取捨與抉擇，永遠存在我們的生命中。這是成人要改變行為時，必須面臨的最大衝突，而一切由我們下定義。

我們下的定義會決定，觸發物是否具有激勵性。一個人喜愛的事物，可能是另一個人討厭的東西。突然看見一杯冰淇淋，可能使我們覺得肚子餓了，卻可能使有乳糖不適症的同伴，感到噁心。

同樣的，我們下的定義會決定，觸發物是否會產生正效果。每個人都想獲得財務上的安全感，這是所有人共同的目標。然而，當我們拿到年終獎金，有些人會把錢存進銀行；有些人卻拿去賭博，並在一個週末之間把所有錢輸光。同樣的觸發物，同樣的目標，但人們的反應截然不同。

我用下頁圖表說明這個互相衝突的關係。激勵性觸發物會引導我們追求我們想要的東西；正效果觸發物會引導我們追求我們需要的東西。假如我們的激勵性觸發物與正效果觸發物都一樣，那就好了。這有可能發生，而且是理想中的情況。但遺憾的是，我們想要的東西，通常會引誘我們遠離我們需要的東西。接下來，我們來做進一步的檢視。

■**想要且需要**：右上象限是我們最希望停留的地方。在這裡，激勵性與正效果觸發物互相重疊，我們想要的當下滿足，與需要的長遠成就，方向一致。讚美、肯定、欽佩與金錢，是常見的觸發物。這些觸發物使我們現在想要更努力，同時增強我們持續追求目標的行為。這些是我們現在想要、未來需要的觸發物。

■**想要卻不需要**：左上象限代表的是，產生反效果的激勵性觸發物，所引發的矛盾效應。想要享樂的欲望會引誘我們脫離正軌，或干擾我們達成目標。如果你曾經透過耐飛利（Netflix）的影音服務狂熱追劇，一口氣連看一、兩季電視影集，但其實你應該做的事，是唸書、完成作業或上床睡覺，你就會明白，某些誘惑會引發我們，做出對自己不利的選擇。你為了當下的滿足，犧牲了長遠目標。又或者，你曾經把主管的讚許或客戶的再三保證，當作鬆懈下來的藉口，你就會明白，正向增強物有可能導致你向後退，而非推動你向前進。

■**需要卻不想要**：右下象限代表的是，我們明知需要，但卻不想要的抑制性觸發物。規則（或結構嚴謹的任何環境）具有抑制性，是因為它會限制我們。它

「想要」與「需要」

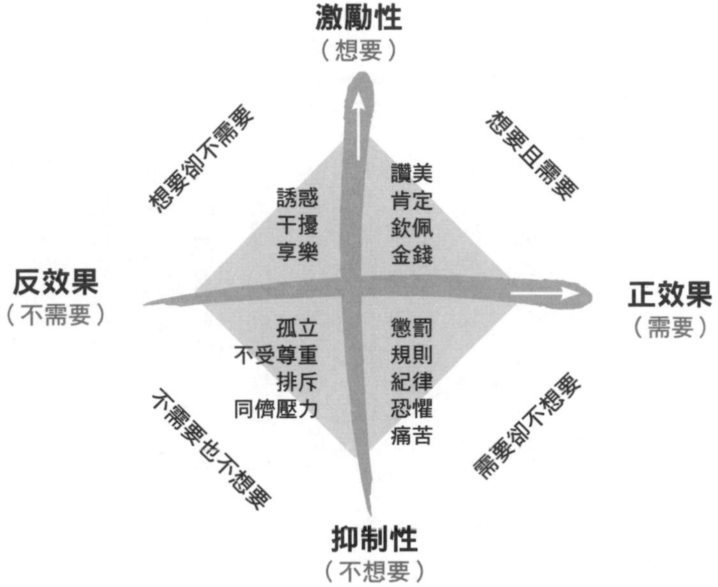

的存在，是為了不讓我們產生某些行為。但我們需要規則，因為遵守規則可幫助我們做對的事。當直覺衝動驅使我們做不好的事，規則會把我們推向正確的方向。

擔心遭到羞辱、懲罰、報復、遺憾、蔑視、排斥的恐懼，是力量強大的抑制性觸發物，它通常在我們違反規則後出現。如果你曾經當眾遭到高階主管訓斥，你就會明白，你絕對不希望這樣的事再次發生。這個事件會形成強烈的動機，促使你堅守長遠目標。

這也包括一些古怪的約束。我曾經規定我的某位客戶，每次說出尖酸刻薄與冷嘲熱諷的話時，就要罰二十美元。我採用的就是抑制性觸發物（這涉及「損失規避」的心理學概念，也就是我們對損失一塊錢的厭惡程度，更甚於獲得兩塊錢的喜悅），目的是引發正效果行為（也就是幫助人改過向善）。

當然，痛苦是最強大的抑制性觸發物：我們會立刻停止造成痛苦的行為。

■ **不需要也不想要**：左下象限代表的是，同時具備抑制性與反效果的觸發物，這裡不是個好地方。這些觸發物包括各種使我們落入悲慘境地的無解困境，而我們一直找不到出路。它可能是毒害身心的工作環境，或充滿暴戾之氣的社區，這些環境觸發我們產生有害行為，引導我們逐漸遠離目標。這些醜惡的環境會引發疲倦、壓力、冷漠、絕望、孤立與憤怒的產生，並不是什麼奇怪的事。唯一令人不解的是，我們為何選擇停留在此處，而不是急於逃離這裡。

盤點我們的觸發物

我對這四個象限並沒有制式或教條性的看法。人類的經驗豐富且不斷變動，無法被限定在某個框架裡。有些觸發物會同時發生，或產生變化，把我們從不好的地方帶往好的地方，一切取決於我們的反應。以同儕壓力為例，某個努力爭取學業成就的高中生，可能因為用功讀書，而被不愛讀書的同學嘲笑與排斥。假如他任憑同儕壓力阻礙自己達成目標，就會落入左下象限；相反的，假若他奮力抵抗同儕壓力，忍受同學的排擠，被孤立反而可以讓他專注於目標，並擁有更堅定的意志。同儕壓力激發了他非常需要的自律精神。這段期間可能非常難熬，但他需要這股力量，把他推向右下象限。同樣的觸發物與目標，但造成不同的反應與結果。

這個圖表是個非常好用的分析工具，我經常推薦客戶使用它。它可以幫助我們盤點生活中的觸發物，提高對環境的覺察力。更重要的是，它可以幫助我們看見，自己是否正處於可產生正效果的象限。成功人士會設法進入右象限，不斷朝著自己的理想行為目標前進。

現在，請你做個簡單的小練習。

挑一個你正在努力達成的行為目標。每個人都有幾個這樣的目標，不論是減重健身，當個更有耐心的父母，或是不輕易任人指使擺佈。

列出是哪些人與情境，影響了你的表現。不要把所有的影響因素全列出來，因為我們的五官與大腦，每天會接收數百，甚至數千種刺激。聚焦於一、兩個與某個特定目標相關的觸發物。然後加以界定：它屬於激勵性或抑制性，正效果或反效果？

把這些觸發物放入分析表中，看看自己是否處於右象限。如果你一直無法達成目標，這個小練習可以幫你指出原因：你可能太過專注於自己想要，而不是自己需要的東西。

你可能會發現，職場上的好朋友，也就是一天會來找你好幾次，經常約你下班後聚餐的那些人，會使你回到家時，已沒有足夠時間陪伴小孩。（你需要暫時將這種朋友「戒掉」。）

你也可能發現，你早上經常沒有時間運動，是因為你總是把時間浪費在瀏覽臉書或查看電子郵件。很顯然，你需要前者，但想要後者。（你需要重新思考，早上是不是運動的最佳時段。）

我希望這個練習可以幫助你：一、對某些觸發物更有警覺性；二、將觸發物與自己的良好與不良行為，形成直接連結。

一切由我決定

我自己就是這麼做的。舉例來說，就和半數我認識的男性一樣，我一直覺得，自己的體重再少個十磅會比較好。這個想法存在了三十多年，但我一直沒有採取任何行動，解決這多出來的十磅體重。我為何無法成為我想成為的自己？

這個分析表為我找出了答案。

我的周遭沒有任何激勵性觸發物，促使我朝目標邁進。我只向我的太太提過這個想法。但她總是給我正向鼓勵：「你看起來很好。」她對我這麼說。這是鼓勵性的話語，但這種鼓勵不會督促我朝正確的方向努力。她並沒有說謊安慰我。我的體重並沒有過重，我從來就不曾過胖。我的西裝尺寸與腰圍，數十年來從來沒變過。我的太太向我保證，我的體重已經「相當標準」了。於是我告訴自己：「她說的對，我為什麼要為了沒人會注意到的十磅體重，為難自己？」於是，我沒有採取任何行動，我與現況妥協了。

我的周遭也沒有任何抑制性觸發物，催促我達成目標。沒有人為了這十磅體重，羞辱我或揚言要處罰我。我也沒有訂下任何規定或罰款，督促自己實現這個心願。我的狀況沒有落在分析表的右象限，但若想改變行為，我就必須移動到圖表的右半邊。

發現自己正處於左象限，為我上了一課。它幫助我意識到，唯有當我對觸發物的反應有問題，觸發物才會成為問題。能否減去十磅，取決於我是否設法讓自己脫離左上象限，也就是把「想要」看得比「需要」更重。一切由我決定，我必須負起所有的責任。這個領悟並沒有解開改變行為之謎，但它是往正確方向前進的第一步。

這或許是找出與定義自己的觸發物，所獲得的最大收穫。它提醒我們，不論處於多麼極端的處境，與自己的行為有關的事，我們永遠有選擇權。

05

Chapter

觸發物的**運作方式**

我們永遠有選擇。只不過在涉及觸發物與反應時，我們並沒有清楚覺察到，自己有選擇。觸發物與反應這兩個詞，代表事情從起點直接發展至終點，中間沒有任何遲疑、省思與選擇的空間。實情真是如此嗎？我們的行為真的這麼容易被觸發嗎？觸發物究竟在我們腦中如何運作？在觸發物與行為之間，有沒有任何變動因素存在？如果有，是什麼？

我在加州大學洛杉磯分校（UCLA）攻讀博士學位時，學到了一個解決兒童問題行為的經典ABC運作流程：前因（antecedent）、行為（behavior）與後果（consequence）。前因是促使行為發生的事件，而行為會導致後果。

我們用教室裡常發生的情況來說明：在進行課堂練習時，有個學生不做練習，卻在畫圖。老師要求這個學生完成練習（要求就是前因），於是這個學生開始發脾氣（行為），最後，老師把他送到校長室（後果）。這就是ＡＢＣ流程：從老師提出要求，到學生發脾氣，再到學生被送到校長室。由於老師知道ＡＢＣ流程的理論，在相同事件多次上演之後，老師得到了一個結論：這個學生做出胡鬧行為，是為了逃避做課堂練習。

杜希格（Charles Duhigg）在著作《為什麼我們這樣生活，那樣工作？》（The Power of Habit）一書中，運用這個ＡＢＣ流程來打破與建立習慣。他用的不是前因、行為與後果這三個名詞，而是提示（cue）、慣性行為（routine），與獎勵（reward），來描述這三階段的習慣迴路。

抽煙是個習慣迴路，包括壓力（提示）、尼古丁的刺激（慣性行為），以及暫時的身心舒暢（獎勵）。人們通常在戒煙過程中增加體重，是因為他們用吃東西取代抽煙，作為慣性行為。他們的確按照杜希格的習慣改變原則執行，提示與獎勵維持不變，只改變慣性行為，但結果卻不理想。若把吃東西改為做三十次伏地挺身（或任何耗費體力的活動），效果可能會比較好。

改變慣性行為

杜希格提供了一個淺顯易懂的實際例子，說明「提示→慣性行為→獎勵」迴路的運作，以及如何利用它改掉壞習慣。有一個名叫曼蒂的研究生，有咬手指甲的習慣，而且會咬到手指流血。曼蒂希望改掉這個習慣。治療師找出了原因：每當曼蒂覺得手指緊繃時，就會不知不覺把指頭放到嘴邊。每當她感到無聊時，手指就會產生這種緊繃的感覺。這就是她的提示：無聊會導致手指的緊繃感。咬指甲是曼蒂用來打發無聊的慣性行為。指尖的刺激感（尤其當她把十隻手指甲啃光光，帶來的完成任務感覺），是她獲得的獎勵。曼蒂渴求這個獎勵，於是養成了咬指甲的習慣。

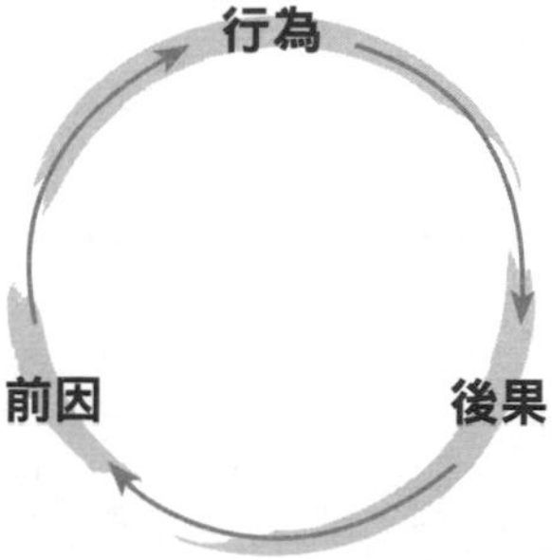

治療師請曼蒂隨身攜帶一張小紙卡，每當她覺得手指緊繃，就在上面打個勾。一星期後，曼蒂回去找治療師，她的紙卡上有二十八個勾。但她現在已經知道，導致她把手指放到嘴邊的提示是什麼。此時她已準備好要改變慣性行為。治療師教她採取「對抗反應」，也就是把手放進口袋裡，或是抓住一支筆，任何能讓她不把手指放到嘴邊的事都行。曼蒂試著用手摩擦手臂，或用指關節敲桌子，代替咬指甲帶來的感官滿足。她的提示與獎勵維持不變，只有慣性行為改變了。一個月後，曼蒂已經完全不再咬指甲。她用一種比較無害的習慣，取代對她有害的習慣。

不論用什麼名詞稱呼，我對杜希格習慣迴路的第一與第三部分，都沒有太大意見：前因與後果，提示與獎勵，刺激與反應，原因與影響，觸發物與結果。我只想修正中間的部分：慣性行為。「習慣迴路」這個名詞會讓人以為，我們只需要覺察提示的出現，就能自動以適當的行為做出反應。

這個理論的確足以幫助人們改變習慣。但如果我們要改變人際互動行為，就涉及其他人，這會使情況變得比較複雜。我們的反應不能總是出於自動化、不假思索與習慣性，因為我們會在意別人的感受，所以必須考慮，別人對我們的行為會有什麼反應。手指頭不在乎我們咬不咬它，紅酒不在乎我們喝不喝它，香煙不在乎我們是否渴望抽它。然而，我們究竟是出於一時衝動，對周遭的人表現出不友善的行為（例如無禮、冷酷、暴怒），還是壓抑這個衝動，選擇做出更妥當的反應，對我們周遭的人來說，有很大的差別。

當情況涉及他人，我們不能光靠習慣引導自己的行為。我們必須調整自己，而不是任憑習慣指使自己，因為在與人互動的情況下，後果更加嚴重。假若我敗給對尼古丁的渴望，開始抽煙，我傷害的是我自己；假如我對孩子發脾氣，我傷害的是自己的孩子。

對於成人的行為改變模式，我想稍微修正「前因—行為—後果」的流程，而加入覺察與極短的暫停時間。修正後的流程是這樣的：

我把非常短暫的反應時間，細分成三個部分：首先是衝動，其次是覺察，最後是選擇。這三個部分組成了觸發物與行為之間的關鍵流程。這個流程極為短暫，我們有時難以將它與自己的行為區分開來。但根據經驗與常識，我們知道這個流程確實存在。

讓衝動原地踏步

當觸發物被激發後，我們會有股衝動，想採取某些行為。基於這個原因，當我們聽見身後發出巨響，會立刻縮頭保護自己。比較敏銳與機警的人，不會急於尋求躲避，而是在聽見巨響後，回頭察看後面發生了什麼事，若有更嚴重的事情發生，就能及時發現。相同的觸發物，引發不同的反應。某些人訴諸輕率的自動化反應（也就是被一時衝動牽著鼻子走）；另一些人卻先暫停、省思，與篩選更好的選擇。我們不是生理結構非常原始的海參，被針一戳就抽搐扭動。我們有大腦，有思考能力。我們可以讓衝動稍微原地踏步一下，花點時間選擇究竟要遵從它，還是忽略它。我們是根據理智思維，而非未經思考的習慣，做出決定。換句話說，我們可以發揮覺察力。

我舉個例子。二〇〇七年，我曾受邀擔任週末版「今日秀」（Today）的嘉賓，接受主持人霍特（Lester Holt）的訪問。電視台工作人員告訴節目來賓，上電視的時間會過得非常快，六分鐘的訪問，感覺起來只有六十秒。這是事實。主持人與我的訪談進行得非常順利。因此，當我聽見霍特說，謝謝我來上節目（代表這段節目已經結束的慣用提示），我大吃一驚。我不敢相信訪談已經結束了。我覺得我們才剛開始談而已，我還有好幾個重點想說。

霍特的話觸發我有股衝動，想說「我們繼續聊吧」。事實上，這句話就在我的嘴邊，差點說出來。不過，這是有四百萬人收看的全國性節目，我整個人神經緊繃，對自己說出的每個字和做出的每個舉動，都非常有自覺。就在我差點做出愚蠢發言的那一刻，我稍微暫停下來，思索我這麼做的後果是什麼。我真的想告訴主持人，我不希望訪談就此結束？我想當個死賴著不走的來賓嗎？最後，我接受了霍特的提示，以慣用禮儀回應他：「謝謝你邀請我上節目。」

我相信，看過這段節目最後幾秒的任何觀眾，只會看見一位來賓做出自動化的反應。絕大多數的致謝互動都是如此，制式的行為舉止，並不會特別突出，或引人注意。觀眾完全不會察覺，從霍特說出感謝語，到我最後選擇做出順從反應之間，我的腦海裡發生了什麼事。我的行為雖然看起來像是機械式的反應，但事實上，它絕對不是隨意或自動化的行為。即使是「主持人表示感謝」這種微不足道的觸發，也會促使我衡量自己的各種選項。我握有選擇。

走在地雷區

如果我們多加留意（上全國性的電視節目，確實會提高每個人的覺察力），就會意識到觸發物的運作過程。即使在最平凡無奇的情況下，我們的覺察力越高，就越不會任憑觸發物，引發我們做出未經思考的魯莽行為。我們會放慢腳步，將情況考慮一遍，然後做出更周全的選擇，而不是流於自動化反應。

其實，在重要時刻，我們都會這麼做。第一次與公司的執行長開會時，我們會繃緊神經，小心翼翼，每個字句、每個動作與每個問題，都成為我們的觸發物。有人請我們發表意見時，我們不會想到什麼就說什麼。我們知道，自己正走在地雷區，任何輕舉妄動，都會造成不堪設想的後果。我們會像個與死對頭交手的外交官，用字遣詞經過仔細推敲，甚至事先演練該怎麼說。不論怎麼做，我們都不會任憑衝動擺佈。我們會省思、選擇，然後做出反應。

弔詭的是，重大時刻，也就是那些充滿觸發物、壓力、風險與強烈情緒，而且可能導致嚴重後果的情境，其實很好應付。當成功人士知道自己即將上場，他們都知道該如何演好一齣戲。

真正難纏的是，激發我們做出過度負面反應的平凡時刻：咖啡店的排隊人龍移動緩慢、問你為何遲遲不結婚的遠房表親、溜狗不撿狗大便的鄰居、在室內和你說話時，不把太陽眼鏡拿下來的同事、提早出現在家門口的訪客、耳機音量過大的鄰座乘客、在飛機上哭鬧的嬰兒、總是把你的笑話破梗的朋友、站在電扶梯左邊的行人，諸如此類。

這些日常生活中的情況，會像紙張割傷手指一樣，出其不意地發生，而且會一再出現。我們和這些人通常只有一面之緣，但他們可能觸發我們，產生最原始低劣的衝動。

有些人會壓抑這股衝動。不論基於什麼理由，也許是常識、害怕衝突、有其他更緊急的事要處理，我們選擇忽視這些惱人的事，解除了這些觸發物的殺傷力。槍膛若沒有子彈，扣扳機也不會造成任何傷害。

然而，有些人很容易被觸發，而且無法抗拒原始衝動。我們非得有話直說不可。生活中的鬧劇就是這樣發生的。這些惱人的小事，應該只是誘發我們思索生命的豐富樣貌，而非把我們變成電視影集「歡樂單身派對」（Seinfeld）裡，隨時反應大暴走的角色。

最有殺傷力的小事

與家人好友相處時發生的芝麻小事，最具有殺傷力。我們覺得和這些人在一起時，可以為所欲為。他們了解我們，而且會原諒我們，所以我們不必修飾自己的言行，可以忠於自己的衝動。於是，我們最親近的人際關係，往往充滿八點檔連續劇的誇張元素：暴跳如雷，大吼大叫，用力甩門，氣沖沖地離開，幾個月、幾年，甚至幾十年不和對方說話。而我們和其他人相處時，鮮少出現這樣的情節。

我舉個例子。正值高中階段的女兒向你借車出門去。兩小時後，她打電話回家，告訴你車子被偷了，因為她把車鑰匙留在車上，跑進便利商店買零食。一個愚蠢的錯誤（忘記拿下車鑰匙），使得一件可能性相當低的事（車子被偷）發生了。身為家長的你，會如何反應？女兒並沒有受傷，也沒有面臨任何危險，或做出違法行為。她是受害者。充其量，你只需要承受財物的損失。你的初始衝動是什麼？

你可能很生氣，對她說「我早就告訴你」，或「你每次都這樣」，傳達下列訊息：一、父母永遠是對的；或是二、女兒不像她自己所想的那麼聰明。你也可以安慰她，問她「要不要我去載你回來？」你握有選擇。

我沒有標準答案。我只知道，這通電話是力量超級強大的觸發物，雖然它只是意料之外的簡短對話，而且在人生中，只是一個微不足道的小插曲。車子已經被偷了。這件事不適合在數十年後，被當成家族軼事告訴孫兒。但你的反應非常重要，而且影響深遠。這個不幸事件會造成更嚴重的親子摩擦？還是會促成某件好事發生？你會訴諸原始衝動，對女兒大加斥責？還是深吸一口氣，做出更明智的選擇？

06

Chapter

優秀的**計畫者**，糟糕的**執行者**

我們為何無法成為我們想要成為的自己？我們為何明知該怎麼做，或已經計畫好怎麼做，卻不照做？

這是個永遠存在的問題，打從亞里斯多德時代就存在。我相信我可以對這個問題，提出令人滿意的答案。為了充分彰顯這個答案的精妙，我們要追溯到我職業生涯的開端。

一九七〇年代，我在加州大學洛杉磯分校攻讀博士學位。我的指導教授是組織心理學先驅赫塞（Paul Hersey）。赫塞對組織行為學最大的貢獻，就是率先提出「情境領導」（situational leadership）的概念。他與我的好友兼偶像布蘭佳（Ken Blanchard），共同發展出這個概念。

赫塞與布蘭佳的論點是，領導者需要因應追隨者的成熟度（readiness），調整領導方式。成熟度不僅因人而異，而且會因工作而異。追隨者對不同的工作，具備不同水準的動機與能力。例如，某位傑出的銷售人員拜訪客戶的成熟度可能很高，但完成銷售報表的成熟度卻很低。最有效能的領導者會因應情境的需求，調整自己的領導風格，這就是情境領導力。

赫塞與布蘭佳認為，領導者應該：

- **密切了解每位追隨者對各種工作的不同「成熟度」。**
- **對每個情境有敏銳的覺察力。**
- **相信情境會不斷改變。**
- **因應追隨者的成熟度，微調領導風格。**

領導者的四種互動

這就是情境領導的概念。它把領導者與追隨者的互動，分成四種截然不同的類型：

1.指導型。適用於需要大量明確指示，才能完成工作的員工。領導者可能會說：「克里斯，請你按照這個方式，一步一步完成這件事，並且在這個時限內完成。」基本上，這是一種單向溝通，員工沒有太多自己的意見。

2.教練型。適用於比一般人需要多一點指導，才能完成工作的員工。這時，領導者與追隨者的互動，涉及比一般情況多一點的雙向對話。這種互動適合想學習，也願意學的員工。領導者可能會說：「克里斯，請你完成這件事。」然後詢問他的意見：「你有什麼看法？」

3.支持型。適用於具備完成工作技能，但欠缺自信心的員工。這時，領導者與追隨者的互動，涉及比一般情況少一點的指導。領導者可能會說：「克里斯，這件事交給你，你覺得該怎麼做比較好？我們來談一下。我該怎麼協助你？」

4.授權型。適用於工作動機、能力與自信心都相當高的員工。他們知道該做些什麼，怎麼做，而且能獨力完成工作。領導者可能會說：「克里斯，這件事交給你。你一直做得很好，如果需要我幫忙，儘管開口。如果不需要，就放手做吧！」

這四種類型沒有好壞高低之分，每種類型適用於不同情境*。高效能領導人出於直覺，明白這個原理。他們知道團隊中誰可以獨立作業，

*現在可能已經沒有人記得，一九四九年的「晴空血戰史」（Twelve O'Clock High）這部老片。但它仍是商管學院常用的教材，因為它充分說明了情境領導的每個步驟。多年來，我至少讓上萬名學生在課堂上觀賞這部影片，然後一起討論。葛雷哥萊・畢克（Gregory Peck）飾演的美國將軍沙維奇（Frank Savage），在片中展現了這四種領導類型。他在二次大戰期間，將被認為「運氣太差」的轟炸機中隊，轉變成作戰精英。比較近期的例子是「火爆教頭草地兵」（Hoosiers），這部電影描述了印第安納州米蘭高中的籃球隊，如何在一九五四年贏得州冠軍的故事。金・哈克曼（Gene Hackman）飾演米蘭高中新任教練。一開始，他是個嚴格的指導型教練，帶領球隊重新學習基本功。隨著球隊的進步，他轉變為教練型，然後是支持型。到了片尾的高潮，他再轉變成授權型領導者。當比賽雙方得分相同，米蘭高中取到進攻權時，金・哈克曼在場邊聚集球員，以作戰圖指揮最後一次進攻。他想讓隊上的明星球員契特伍德（Jimmy Chitwood）進行誘餌戰術。此時所有球員都沈默不語。金・哈克曼問道：「怎麼回事？」原來所有人都想讓契特伍德直接射籃。契特伍德否決了誘餌戰術，他看著金・哈克曼說：「我辦得到。」金・哈克曼在這位球員身上，看見了達成目標的強烈企圖心、能力與自信。結果，契特伍德當然辦到了。

而誰需要較多指導；有些優秀領導人透過觀察與摸索，了解這個原則；效能最差的領導人，則永遠不明白這個道理。他們會告訴多話的部屬：「你需要學習傾聽。」然後期待這位員工永遠記住這句話。他們沒有意識到，自己選擇的指導方法極具諷刺性：口頭告誡一個不善傾聽的人，要學習傾聽，然後當這位部屬沒有聽進去時，大感訝異。

情境領導理論已在全世界獲得廣泛應用，有不計其數的領導人受過這種訓練。我在很早的時候，就從開山祖師那裡學到這個概念，因此，我堅定相信它的效用。它使我立定志向，要幫助企業領導人，與他們的同事和部屬發展更好的關係。

內在的追隨者

但情境領導概念如何解釋，我們為何無法成為我們想要成為的自己？

我的領悟是，赫塞與布蘭佳提出的情境領導概念清楚點出，當我們想要改變行為時，我們的內在狀態發生的變化。你可以把這個動態關係稱為領導者與追隨者，計畫者與執行者，或是主管與員工。不論名稱為何，本質都是相同的。

當我們打算做個更理想的朋友、夥伴、員工、運動員、父母、子女時，我們的內心同時存在著兩個角色：其中一個角色是，打算改變行為的領導者／計畫者／主管；另一個角色是，負責執行計畫的追隨者／執行者／員工。我們以為這兩個角色沒有分別，因為我們沒有察覺到，自己在一整天的過程中，會在這兩個角色之間轉換。我們以為這兩個角色都是自己的一部分，其實這個想法大錯特錯。

事實上，我們每天早上起床時，同時兼具兩個身份：領導者與追隨者。但隨著時間的推進，這兩個角色漸行漸遠。

請你回想一下起床時的情景。如果你和大多數人一樣，在起床時會是個胸懷大志的領導者，還可能甚至寫了一份待辦事項清單。你看著這份清單，對接下來的一整天充滿自信與期待。這是當然的：你已經做好計畫，有計畫代表比較容易成功。在這一刻，你扮演著領導者的角色。但漸漸地，你會在不知不覺中，開始扮演另一個角色。你開始成為追隨者，你的責任是執行領導者的計畫。

身為領導者，你認定內在的那個追隨者，會遵從你的每個指令，任務失敗的可能性並不存在。（有誰會把失敗放入計畫中？）這個內在執行者可能因為顧客或同事而心情不好，或被叫去處理緊急事件，或是因為會議拖延而工作進度落後，但你完全無視這些可能性。你覺得今天一整天都會很順利，一切都會按照計畫進行。而且你覺得不只是今天，而是每天都會如此。

現在請你自問：這輩子有哪一天，一切都按照你的計畫進行？你的部屬可曾完全按照你的指示行事？在你指定的時限內完成？以你期待的態度工作？結果和你的預期一樣好，甚至更好？

這種情況少之又少。（假如偶爾發生了，這個例外情況就值得大肆慶祝。）因此，你為何期待，當你身兼領導者與追隨者，主管與員工的身份時，這種情況會每天發生？為何只因為你指揮的人是你自己，而非別人，你就期待一切會順利進行？

審視需求，選擇領導類型

不論你領導的是別人，還是內在的那個追隨者，阻礙你達成目標的挑戰都相同。你仍然必須面對阻力大於助力的環境；仍然會遇到誘使你脫離正軌的人；仍然必須把可能性低，但發生率高的事件，列入考慮。此外，你仍然必須明白，隨著時間一點一滴過去，你的精力會逐漸耗盡，動力與自制力也會逐漸降低。

我經過很長一段時間才領悟到，情境領導的要旨可以應用在成人行為改變上。假若我們體內的計畫者，能像有效帶領部屬的領導人一樣，在一天當中的任何時段，意識到情境的轉換，並採取適當的管理方式，領導我們體內的那個執行者，那會如何？這是個簡單的兩步驟方法：審視需求，選擇領導類型。

許多人已經自然而然地運用這種自我評量方式。在不同情況下，我們出於直覺，知道自己需要運用多少力氣自我管理。有些目標只需要少量，或不需要指導與監督。我們不會把目標寫下來，或特地排定時間完成它，或是請助理提醒我們要做這件事。我們體內的計畫者，授權給我們體內的執行者，並相信事情會完成。

不過，有些工作與情況需要較多的指導。例如，對於「參加女兒的婚禮」這件事，我不需要太多指導與自我管理。我不太可能會忘記日期、期間與地點，以及該穿什麼衣服。我不需要任何指示，也會在教堂準時出現。這件事極為重要，沒有任何事能干擾我完成這件事。

另一方面，關於「在婚禮上該做些什麼」，我需要比較多的指示。這句話我是有感而發，因為當我女兒凱莉在二〇一三年結婚時，就發生了這樣的情況。進行婚禮預演晚餐時，凱莉把我拉到一旁，告訴我該說什麼，該做什麼，必須與哪些人小心應對。「老爸，千萬不要把自己當成正在學校上課的教授。」她對我這麼說。

我不認為凱莉的叮嚀冒犯了我。她很清楚我需要指引，而我也接受了她的指引。（親家後來告訴我，親家母也對他做了同樣的事。）婚禮與喜宴進行時，我不斷用凱莉的叮嚀提醒自己，並經常詢問我的太太：「我表現得如何？」這就是我對主動式自我管理的看法。

讓計畫者與執行者步調一致

我也把這個情境概念（也就是我們要用管理別人的方式，來管理自己），用在客戶身上。瑞尼是我早期的客戶之一，他原本是收入豐厚的企業律師，後來擔任薪水低很多的州政府閣員。瑞尼原本是一家大型律師事務所的資深合夥人，習慣有一群律師任他差遣，但在人力與資源都相當有限的政府機構，這種方式顯得行不通。瑞尼過去習慣把同一件工作，交給三、四個人處理。但這個習慣卻為現在的部屬帶來不必要的混亂，並導致不同的人重複做相同的事。

瑞尼不是個有心機的人。他並非故意讓部屬無所適從，心情沮喪。他是個善良、有原則的好人。他察覺自己有這個壞習慣，而且想改掉它。但幹部會議的環境總是使他故態復萌。開會時，他會對某個專案興致勃勃，並要每個人參與其中，於是隨口將重複的工作，指派給不同的人。早上起床後，打算控制自己的那個冷靜的領導者，在開會時就變成了熱心的執行者。儘管立意良善，但瑞尼使自己變成了引發分歧，而非營造團結的人。他體內的追隨者，無法執行領導者的計畫。

我心想：假如瑞尼體內的那個計畫者，學會採取適當的管理方式，指揮體內的那個執行者，那會如何？假如他能學會，在引發他做出不利決定的幹部會議上，採取不同的應對模式，那會如何？

我和瑞尼討論過這個想法。我們一致認為，他在開幹部會議時，非常需要指引。只要一開會，他就會變了一個人。因此，他隨時需要有個清楚的指示，在一旁提醒他。我們最後找出的解決方法是，每次開幹部會議時，他要在面前放一張小紙卡，隨時提醒自己。卡片上寫著：「不要混淆部屬，不要把一件事交代給好幾個人。」

這個方法很老套，也很簡單，但是當大家在會議上熱烈討論，也就是瑞尼的老毛病最容易復發的時候，他只需要看著卡片上的提醒，就能在指派工作時，做出正確的決定。透過這個方法，瑞尼體內的計畫者與執行者，終於開始步調一致。

一張小卡片的力量

職場中的情境領導概念，就是這樣應用在我們自己身上。身為政府單位的領導人，為了要改掉不利於工作的行為，瑞尼必須先改變體內的領導者與追隨者的行為。他不能指望這兩個角色會朝著一致的目標前進。特定的情境（對瑞尼來說，就是幹部會議），會破壞這兩個角色的一致性。一旦瑞尼察覺到，自己在幹部會議上容易犯老毛病，他就很清楚該如何解決這個問題。瑞尼體內的追隨者只需要一張小卡片的指引與提醒，就已足夠。

現在，讓我們從職場轉換到個人情況。我們用「計畫者」來稱呼，想要改變行為的那部分自己；用「執行者」稱呼，實際改變行為的自己。我們需要解決的不同調問題是相同的：我們是優秀的計畫者，糟糕的執行者。

- **「計畫者丈夫」打算一整天對老婆好一點，但「執行者丈夫」卻在那天晚上，因為老婆打斷他收看「世界體育中心」節目，而對老婆大發雷霆。**
- **擔任企業主管的「計畫者母親」，想要多花一點時間陪伴孩子，但「執行者母親」卻因為公司發生的危機，錯過了女兒的游泳比賽。**
- **「計畫者兒子」打算每週日打電話向母親問好，但「執行者兒子」卻一連好幾個星期沒打電話回家，因為他覺得一個月打一、兩通電話就「已經夠好」了。**

做出立意良善的計畫，卻沒有徹底執行，這種情況會發生在每個人身上，而且例子多不勝數。沒有按照計畫執行的情況，就和死亡與繳稅一樣，無可避免。

這不只是因為環境的干擾與意料之外的突發狀況，打亂了我們的計畫，同時因為我們沒有把過去經驗列入考慮。我們總是做出與過去經驗完全矛盾的計畫。計畫者打算在時限內完成工作，但短視的執行者卻總是忘了，自己這輩子從來不曾在時限內完成工作；計畫者相信，這次情況將有所不同，但執行者延續過去的習慣，再次超出時限。

即使在成功機率極高的情況下，計畫者與執行者之間，仍存有巨大的鴻溝。

十七個人的承諾

二〇一四年春季的某一天，我在紐約的四季飯店，為十七位企業客戶舉辦了一場餐會。我們在隔天將要進行一整天的緊湊活動，互相交流個人目標。這個餐會的目的，是讓所有成員互相認識，消除生疏感。在餐會上，我先徵詢大家的意願。我說：「我希望在場的每個人都承諾，在餐會進行期間，絕對不打斷別人說話，或是發表評斷性的言論。違背承諾的人，要當場罰二十美元。」在場的十七個人都舉起手，答應會遵守這項規定。我先提醒他們，我認為每個人都會犯規。

十分鐘後，餐桌中央已經堆了四百多美元。（所有罰款將會捐給大自然保護協會〔the Nature Conservancy〕，該協會的執行長也在這十七人之列。）半小時後，罰款金額已經翻倍。有一位成員是全球最大企業之一的執行長，他最近剛退休，他甚至跑出去找自動提款機領錢。現場有半數賓客是白手起家的創業家，身價高達數千萬美元；另外一半的人則是大企業的總裁或執行長。他們全都是自律甚嚴的人，而且都是非常好的人。此外，他們都握有遵守承諾所需要的工具：

- 我提出一個計畫。
- 他們承諾要按照這個計畫執行。
- 他們只需要在晚餐進行的三小時內，遵守規定，維持自律行為的時間其實相當短。
- 我們有罰款的規定，這會激勵正確行為。
- 我事先提出警告，他們很可能會違規，藉此刺激他們覺察規定的存在，同時激發這群大男人，努力證明我的預測是錯誤的。
- 我的要求並沒有超出他們的能力範圍。他們只需要避免做出負面評論就可

以。換句話說，他們只要閉嘴就沒事了。

但在十七位賓客中，有十六人必須把手伸進口袋，掏錢繳罰款*。他們就是難以克服環境的影響力。他們體內的執行者，沈浸在歡樂愉悅的用餐氛圍中，很多話往往會脫口而出，以致於無法兌現體內的計畫者稍早做出的承諾。

頗富哲思的拳王泰森（Mike Tyson）曾說：「在被人一拳打倒之前，每個人都有一套作戰計畫。」在一生中，一再將我們打敗的，就是我們的環境。

*唯一沒被罰錢的人是瑞尼。我後來才知道，當他舉手同意遵守我的規定後，立刻在一張小卡片上寫了「不打斷，不評斷」，然後偷偷壓在水杯下，以便隨時偷瞄。

07

Chapter

預測環境

我住在聖地牙哥，我能夠輕易辨別，哪些鄰居是狂熱的帆船或衝浪玩家，或是高爾夫球愛好者。他們每小時都會用手機查看最新天氣預報。這個舉動合情合理。聖地牙哥的好天氣舉世聞名，但仍有例外的時候。因此，我的鄰居運用手邊的所有工具，隨時了解太平洋的風浪夠不夠大，高爾夫球場適不適合打球。他們不僅覺察環境，甚至去預測環境的狀況。

我們大多數人不會像狂熱的帆船、衝浪玩家與高爾夫球愛好者一樣，對環境預測如此執著。否則，我們就不會像現在這樣，經常被環境打敗。

了解環境的強大影響力之後，我們要做的下一步，就是預測環境。這涉及互相關聯的三個階段：預先設想、規避，與調整。

1 — 預先設想

成功人士不會完全對環境渾然不覺。在人生的重要時刻，也就是結果對我們非常重要，不容許有任何閃失的時刻，我們都是預先設想的高手。

當廣告公司提案團隊，進入客戶公司的會議室進行簡報時，他們早已做好萬全準備，研究過客戶的偏好，演練過尖銳的對答，能夠見招拆招。他們先想像出完美結局的樣貌，然後根據此結局設計簡報內容。

進行法庭攻防的律師也是如此，他們絕不提出自己不知道答案的問題。他們要詰問證人時，會根據預先設想的狀況設計問題。

當政府官員主持鎮民大會，討論意見分歧的議題時，也是如此。這位官員可以預見，現場必定有憤慨的發言，煽動性的言論，甚至是人身攻擊。在這個情緒激動的環境裡，他提醒自己要保持冷靜與公正，或許還準備了緩和氣氛的說詞，甚至要求警方在場。

打算向女友求婚的年輕人也是如此。按照傳統的做法，他必須絞盡腦汁設想一切，從場地的選擇，到求婚時刻的安排，全都是為了讓女友說出他預期的答案。（新娘必須費盡心思預先設想的，則是婚禮的安排。）

當我們的行為會立即造成明確的後果時，我們會全力以赴，應付眼前的情況。我們會創造出最有利的環境，而不是任憑環境擺佈。

危險的平凡時刻

問題在於，我們的日常生活主要由無數的平凡時刻組成。我們不會對環境或自己的行為，花費任何心思，因為我們不認為這些情境會帶來任何嚴重後果。諷刺的是，這些看似友善的環境，正是我們最需要小心應對的情境。如果我們不預先設想環境的狀況，任何事都可能發生*。

有一次，我以為邀請我的兩位客戶共進晚餐，介紹他們互相認識，會是一樁

*假如你曾對親人或同事，不假思索說出看似無傷大雅的言論，結果卻演變成激烈的唇槍舌戰，或造成無法挽回的傷害，你就會明白我的意思。

美事。畢業於長春藤名校的艾德格，是紐約市一個自由派智庫的總裁。他擁有圓滑的外交手腕，有一半的工作時間，花在遊說有錢的金主贊助他們。邁克是奧克拉荷馬州某能源公司的老闆，是個好交際的大哥型人物。我以為這兩人南轅北轍的背景，會激發有趣的火花。他們可以藉此拓展視野，並在事後感謝我促成他們認識彼此。

結果，我大錯特錯。根據我過去的經驗，當兩個聰明優秀的人，初次見面沒有太多共同話題時，就會開始談論政治。假如他們的政治立場相同，就會同仇敵愾地一同大罵另一個政治陣營；若他們分屬不同陣營，就會努力證明對方的立場是錯的。那天的晚餐聚會屬於後者。艾德格是激進的自由派，而石油大王邁克是個強硬的保守派。

友好的氣氛只維持到上前菜的時候。當他們聊完工作、家人、渡假計畫與運動賽事後，自然而然將話題轉移到最新時事。彷彿事先講好一樣，他們開始談論所有最敏感的議題：邊境安全、能源政策、槍枝管制、大麻合法化、積極平權行動、政府開支。他們熱切地想要改變對方的看法，結果當然是徒勞無功。他們花了三十分鐘爭論二手煙議題，儘管兩人都不是這方面的專家，甚至對這個議題也不是那麼關切。一整個晚上，這兩個固執己見的大男人，一心想要講贏對方，而我整晚則在一旁坐立不安地旁觀。

希望戰勝經驗

他們兩人都沒有錯，這個場面全是我一手造成的。英國作家約翰遜（Samuel Johnson）曾巧妙比喻，一位鰥夫剛結束一段不愉快的婚姻後，立刻再娶，是因為「他的希望戰勝了他的經驗」，這正是我的情況。

我應該預知會出現這個情況。我知道他們的政治立場不同，我安排他們一同共進晚餐，沒有其他陪客居中緩頰。事後反省，我認為假如見面的場景換成辦公場合，他們的行為一定會大不相同。在辦公場合中，他們會展現適當的職場禮儀，也會展現友善且專業的態度。我最大的錯誤在於沒有預先設想，在工作時間之外，到餐廳共進晚餐，他們在這樣的環境中會有什麼行為。他們都認為工作時間已經結束，自己可以想說什麼就說什麼，因為此時所說的話，不會對工作造成任何影響。如果我好好預先設想可能的結果，就會……

2 — 規避

管理大師杜拉克（Peter Drucker）有一句名言：「我所認識的領導人，有半數需要學習的，不是該做些什麼，而是不要做什麼。」

我們對環境也要採取這個策略。很多時候，我們最明智的反應，就是避開某些環境。

- 如果回家的時間太晚，就不要行經犯罪率高的區域。
- 如果我們已經戒酒，就不要和人約在酒吧聊天。
- 如果我們的皮膚容易曬傷，就不要到海邊玩。
- 如果我們討厭某個鄰居，對方邀請我們去他家作客時，就應該予以婉拒。

我們都知道要盡量避開對身心有害，或可能造成不愉快的環境；但我們往往難以抗拒愉快的環境。我們通常希望一直待在這樣的環境中，而非離開或躲避它。

原因之一是惰性，我們需要動用極大的意志力，才能不去做自己喜歡做的事。但更大的原因是，我們對環境與誘惑之間的關係，有非常嚴重的誤解。誘惑是愉快環境的共犯，它會驅使我們放鬆心情，試一下這個、玩一下那個，在這個環境待久一點。

抗拒誘惑的挑逗

誘惑會鬆動我們的價值觀、健康、人際關係與事業。因為我們誤以為自己能控制環境，所以我們選擇與誘惑大玩挑逗遊戲，而非直接避開。我們總是想測試，自己能否抵抗誘惑，然後在失敗後，從驚訝與難過中努力振作起來。

有時候，誘惑不會造成嚴重後果，例如，吃第二片起士蛋糕；但有時候，誘惑會帶來重量級挑戰，例如，太快接下條件優渥的生意，即使我們心知肚明，自己沒有能力準時交件。

我在功成名就的客戶身上，經常看到這種思維。他們喜歡接受挑戰，當他們成功克服誘惑後，會給自己一次嘉獎記錄。對他們而言，規避不是一種成就，它是消極心態創造的負面選項，它代表棄權。

許多高階主管請我提供協助，是為了改掉「永遠要正面迎擊，絕不選擇性規避」的習性*。這是領導人最常犯的毛病：即使展現自制力會帶來比較好的結果，他們往往屈服於可以大顯身手的誘惑。

是公事？還是家事？

我曾遇過一個不尋常的例子，對象是我的長期客戶史丹。史丹曾成功創立與出售多家公司，也曾主掌《財星》（Fortune）前五十大企業。他在七十歲退休，從此擔任幾個董事會的董事，偶爾做點顧問工作，並且完成夢想，捐出半數財產成立基金會，支持醫學研究。他任命妻子為基金會董事長，讓兩個女兒擔任副手。

有一天，史丹打電話給我，要我旁聽在他家舉行的家庭會議。會議才開始幾分鐘，我就看出問題癥結：史丹的家人對他的意見置之不理。史丹會對女強人型的老婆下指令，而她會回嘴道：「我是你老婆，也是基金會的董事長，不要把我當成你的員工。」這類對話已經出現許多次，但史丹一直沒有聽懂老婆的話。然後他會轉向女兒，一個是律師，另一個是醫師，他會命令她們做這個、做那個，但她們會說：「老媽才是我們的老闆。」

這並非史丹第一次在家庭會議中挫敗連連。我受邀旁聽會議，是因為史丹希望我能教他，如何讓老婆和女兒聽他的話。

「不可能。」我告訴史丹。

*我私下把這種心態稱為「戲劇性情節謬誤」（dramatic narrative fallacy）：我們接受更多挑戰，是為了讓生活變得更加刺激。我們把自己的生活當作電視連續劇，在面對成功機率微乎其微的艱鉅挑戰時，努力克服，而非選擇避開。在休閒娛樂活動上，擁有這種心態還沒關係，例如鐵人三項訓練，但若把這種心態應用在每件事情上，就可能為我們帶來極大的危險。有時候，勇氣（與常識）意味，告訴自己「這次我放棄」。高爾夫球愛好者認為，一場無聊的球局才是好的球局。你把球打上球道，然後擊球至進洞區，最後推球入洞形成柏蒂（birdie），或再次推球入洞達到標準桿。然後你走到下一個球梯，一切再來一次。如果能這樣打完十八洞，你就創下了個人最佳紀錄，或打破球場紀錄。若可以選擇，打高爾夫球的人寧可打一場無聊的球局，而非充滿驚險場面的球局。

「可是，她們用的是我的錢，她們不能把我的意見排除在外。」他說。

「沒錯。」我點點頭。「但這不是重點。你誤把你的公司執行長身份，與在家裡的主導權畫上等號。你的家人顯然不是如此看你。你任命她們，讓她們主掌基金會，木已成舟。你只能接受現實：你是公司的老闆，但不是家裡的老闆。」

我很快就發現，問題出在「環境」。在家開會，而不是在基金會辦公室開會，很容易造成情境的混淆：這是公事，還是家事？史丹顯然搞混了自己的身份：他應該當個包容的丈夫和父親，而不是專橫的執行長。據我所知，史丹是個超級會察顏觀色的人，他對環境的氛圍非常敏感。但一旦與家人在一起，受到家庭這個環境的觸發，他開始在不知不覺中，做出對自己不利的行為。

「如果不再出席基金會的會議，會對你造成任何損害嗎？」我問他。

「成立基金會的人是我，不是她們。」史丹回答我。他仍然堅信，自己擁有基金會的「所有權」。

「史丹，你的家人違抗的是你的行為，不是你這個人。」我說，「即使你改變方式，天知道她們會不會接受？或是你會不會老毛病復發？最好的策略是，不再參與會議。」

史丹花了幾分鐘，才願意接受這個解決方法：規避。我向他解釋，這麼做，最糟的情況是，與家人的爭執會立刻消失；最好的情況是，老婆和女兒以後可能會來徵詢他的意見。但他必須不再插手基金會的事，否則情況將不會改善。

我通常不會把政治人物當作學習典範，但他們是規避的高手。政治人物和我那些高成就的客戶不同（企業領導人不善於預見發生失誤的情況，因為他們不常犯錯，也不願承認自己會犯錯）。政治人物最害怕的，就是因失言而導致政治生涯結束。因此，他們培養出絕佳的偵測能力，可以察覺哪些環境可能引發他們失言。當他們在記者會上，拒絕對「怎麼回答都不對」的問題作出評論，就是在規避；當他們不與死對頭出席同一個場合，也是在規避；當他們在爭議性投票時棄權，仍然是在規避。

政治人物出於本能明白這個道理，為何我們不能？

這是個簡單的邏輯：如果要避免自己不想要的行為，就避開最可能引發這些行為的環境。假如你不想被你一直看不順眼的同事惹火，那就避免與他在同一個場合出現；假如你不想被宵夜引誘，就不要半夜走到廚房，看看冰箱裡有什麼剩菜。

當然，人生中有很多無法規避的時刻。即使我們很害怕（例如，公開演說），或容易被激怒（例如，拜訪岳父母或公婆），或是容易變成大混蛋（例如，和我們看不起的人做生意），仍然要硬著頭皮去做。

幸運的話，我們在預先設想後，會調整自己的行為。但通常只有當我們預見環境產生的影響，且無法以規避解決問題時，我們才會採取調整做法。調整並不是那麼常見，因為大多數人對自己的偏誤行為，渾然不覺。事實上，我們之所以成功，不是因為我們總是落入相同的行為模式，而是因為，我們雖然落入相同的行為模式，仍然設法獲得成功。當我們迫切想要改變自己，或突然得到頓悟，或經過他人提點（例如，朋友或教練的提醒），才會調整自己。

我在矽谷認識了莎琪，她是一位前途看好的科技主管。莎琪在印度的一個貧困小村莊長大。在父母的支持下，她用功讀書，畢業於數一數二的印度科技大學（Indian Institute of Technology），成為取得電機工程學位的少數女性。在矽谷工作幾年後，她到史丹佛大學取得ＭＢＡ學位。三十歲時，她已經是某頂尖軟體公司的總監級主管。

莎琪告訴我，她回家鄉後發生的一件事。她和七個老朋友相約一起吃晚餐，其中一人隨口問了她一個看似平凡的問題：「你上星期做了些什麼？」

莎琪立刻興奮地與她們分享，她在上個星期的活動。她飛到巴黎開會，見到了幾位軟體界的傳奇人物；她目前正在主導某個新產品的研發；公司的執行長剛告知她，公司把她列入高潛力領導人計畫。她滔滔不絕地講個不停。

聚會結束後，每個人都和莎琪道別，然後離去，除了她最要好的童年玩伴藍吉妮。藍吉妮雖然不像莎琪那樣功成名就，但也在印度某大企業任職，事業步步高升。其他人的情況則和她們差了一大截。莎琪對藍吉妮說，這頓飯她吃得非常開心，藍吉妮打斷她，並說：「你以為大家想聽你講，去巴黎開會、開發新產品，還有執行長對你說了什麼嗎？你什麼時候變成這麼愛炫耀的人了？」

莎琪覺得很受傷，於是為自己辯解：「她們問我上星期做了什麼，我只是實話實說而已。」

那天晚上，莎琪輾轉難眠，後來她終於領悟，自己對當天晚上的情境，完全解讀錯誤。她面對的不是一群矽谷的精英，而是和她一起長大的貧困玩伴，她們人生的發展，並不像她一樣順遂。對莎琪來說，她只是在分享生活裡發生的事；但對她的朋友而言，莎琪卻使她們感到自慚形穢。

莎琪對自己的失察與愚鈍感到自責，但我們只能從錯誤中學習成長。莎琪領悟到，一個簡單的問題可能會觸發一個單純的反應，而這個反應在某個情境中，顯得非常恰當；但在另一個情境中，卻變得非常不妥。

當莎琪再次回到家鄉，村裡的人問起工作的事，她只是淡淡地說：「主要是技術方面的東西。我必須經常出差，這個部分比較辛苦。」然後她會反問對方，請他們聊聊自己的生活。

莎琪所做的，是對環境高度覺知的人會做的事：她調整自己的行為。

08

Chapter

改變之輪

我們來複習一下，到目前為止，我們學了哪些東西。

我說過，對任何成人而言，改變行為是最困難的一件事。我們會想出各種理由，逃避改變。我們會找藉口，將現有行為合理化，我們產生各種念頭，觸發各種形式的否認與抗拒。於是，我們始終無法成為我們想要成為的自己。

我們否認的事情之一，是自己與環境的關係。我們刻意不去察覺，環境對我們產生的深遠影響。事實上，環境是個永遠不斷運轉的觸發機制。它可以在一瞬間，把我們從聖人變成罪人，從樂觀變為悲觀，從模範公民變成惡棍，並使我們忘了，我們想成為的自己，是什麼樣貌。

往好處看，環境並沒有隱匿它的影響力，它大方地顯露自己，不斷回饋訊息給我們。問題在於，我們總是分心，以致於聽不見環境告訴我們的訊息。然而，當我們用心認真傾聽，那些影響我們行為、原本看似隱晦不明的觸發物，此時就會昭然若揭。

比較麻煩的是，當我們穿梭於不同環境之間，就很難隨時覺察它的轉變。我們的環境每分每秒，時時刻刻都在改變，我們沒有能力或動力，監控每個情境的變化。我們會把事情搞砸，每前進一步，就後退兩步。

此外，我們會透過兩個截然不同的角色（我稱為「計畫者」與「執行者」），對環境產生不同的反應。早上起床時，我們是計畫者，我們會為一整天做好計畫，但隨著時間的推進，我們會轉變為執行者，負責執行這些計畫。我們可以透過預先設想、規避與調整等基本工具，修正計畫者與執行者之間的矛盾。但這些方法只能治標，解決眼前的問題，無法徹底改變我們的行為。

行為改變的選項

改變行為時，我們必須面對自己的種種弱點。與環境的戰爭，又處於必敗的不利處境。此時你可能會問：我何時才能得到好東西，獲得有效的行動步驟與解決方法？

先別急。要了解問題的癥結，不僅要承認問題存在，還要審視自己所有的選項。關於行為改變，我們握有多種選項。

附圖是我多年來應用在客戶身上的工具。在成為我們想成為的自己之前，我們必須先在兩個面向做出取捨：從正面到負面，以及從改變到維持，以兩個軸線呈現。前者可以指出，帶給我們助力或阻力的因素是什麼；後者會幫助我們看清，我們打算在未來改變或維持的部分是什麼。因此，當我們想要改變行為時，我們有四個選項：改變或維持正元素，改變或維持負元素。

改變之輪

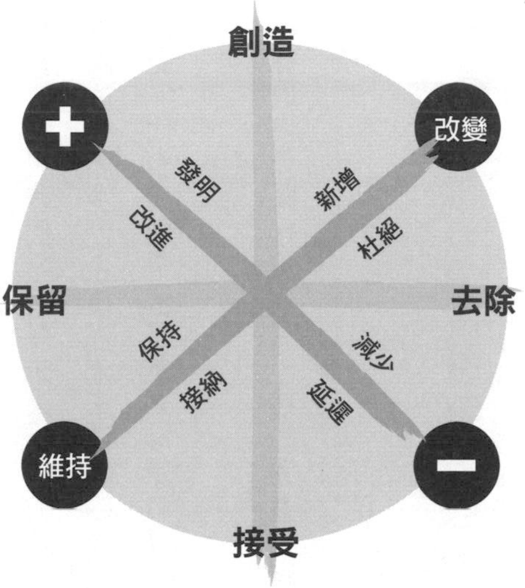

- **創造**。代表我們希望在未來創造的正元素。
- **保留**。代表我們希望在未來維持的正元素。
- **去除**。代表我們希望在未來消除的負元素。
- **接受**。代表我們希望在未來接受的負元素。

這些是我們握有的選項。某些選項比較動態、迷人與有趣；有些則相反，但每個選項都同等重要。而其中三個選項，比我們想像中更耗費力氣。

1—創造

創造是行為改變中最耀眼的部分。當我們想像自己的行為變得更好，心頭浮現的是，令人興奮的自我創造過程。我們正在創新一個「全新的我」。這件事非常吸引人，我們迫不及待想這麼做。我們可以轉變成自己選擇的任何一種人。

最困難的部分在於，出於意志做出這個選擇，而非被動接受。我們正在創造新的自己，還是白白浪費自我再造的機會，任憑外在力量形塑我們？

即便對最聰明的人來說，「創造」這個選項也不會自動送上門來。我有一個客戶是歐洲某大企業的執行長，在他屆齡退休六個月前，我問他：「退休後，你打算做什麼？」

「我不知道。」他說＊。

「假如你知道公司將在六個月後徹底改變，擁有新的顧客和新的身份，你會不會預先做好計畫？」我問他。

「當然會。」他說，「否則我就太不負責任了。」

「對你來說，公司和你的人生，哪個比較重要？」

我問這些問題的目的，是在提醒他，當他不再是六萬名員工的執行長，人生可能會開始變得無聊、混亂、憂鬱。沒有事先為退休做好計畫的執行長，我看過不少。沒有為自己的新身份做好準備，是對自己「不負責任」。

＊我經常聽到人們這樣回答，所以不該再感到訝異，但每當我聽到這個答案，仍然會很吃驚。正因為如此，我會邀請客戶到我家聚會，和他們討論「你下半輩子打算做什麼？」他們根本沒有想過這件事。對於這個議題，他們不處於創造模式。

我講的道理，他全都懂。位居公司高層多年，他看過太多前輩在退休後不知所措，或感到茫然。但他從未想過，要把這個道理用在自己身上。他和我們其他人一樣，犯了相同的錯誤。

若我們對生活感到滿意（只是滿意，而不是因為我們超越自己的期待，而感到雀躍或興奮），很容易就會落入惰性，也就是延續自己目前的生活。

當我們對生活感到不滿，可能會走另一個極端：什麼都嘗試，但維持不久，以致於無法創造新的自己。如果你認識的人當中，有人曾經嘗試各種最新流行的節食方法，體重卻絲毫未減，你就會明白我的意思。他們的行為是追逐，而不是創造。

如圖所示，創造涵蓋了從新增到發明的範圍。對成功人士而言，增加一個新的行為，通常就已足夠。對於進行一對一教練的客戶，我從來不需要幫助對方進行大改造。成功的領導人不會有太多不良習慣（如果有的話，早就被解職了），但他們通常會在某方面有些偏差行為。然而，這些行為卻會產生擴散效果，使別人對他們產生以偏概全的印象。

我們永遠有機會創造更好的行為，不論是有關如何待人處世，或者決定讓自己受哪些因素影響。我們只需要一股衝動，想像一個不同的自己，就可以了。

2 保留

保留聽起來被動且無趣，但仍是我們的選項之一。我們需要了解，自己的哪些行為對我們有益，同時要克制自己，不要為了「新奇有趣但不一定有益」的行為，而放棄了自己原本擁有的好東西。

我們通常不太重視保留。成功人士的行為大多是正確的，因此，他們需要保留的東西其實很多。然而，他們心中仍有一股基本的驅動力，把「穩健成長」與「持續改進」畫上等號。他們習慣改變現況，而非維持原樣。若面對「已經很好」與「變得更好」這兩個選項，他們不假思索就會選擇後者，結果因此喪失了某些優良的特質。

奇怪的是，保留有時會帶來脫胎換骨的效果。賀賽蘋（Frances Hesselbein）曾被《財星》雜誌封為「美國最佳非營利組織管理人」。當我的這位好友（不瞞你說，她一直是我的偶像），於一九七六年成為美國女童軍的執行長時，她的任務是幫助這個保守迂腐的組織，成功轉型。當時，女童軍的會員人數不斷下滑，組織只能仰賴少數正職員工與大量志工。此外，女童軍的形象也顯得不合時宜。

在這樣的背景下，領導人若想徹底摧毀原有組織，重新打造新的組織，也無可厚非。但賀賽蘋曾在賓州的家鄉擔任女童軍十七軍團的志工。她深知，這個組織有許多值得保留的東西，不只是她們的招牌活動：挨家挨戶推銷女童軍餅乾，還有成為年輕女性典範的使命。賀賽蘋告訴所有員工與志工，此時正是讓更多年輕女孩加入女童軍的時候，因為毒品與青少年懷孕的威脅日益嚴重。她結合了保留與創造，以新的使命「未來潛力無窮的傳統」（Tradition with a future），啟發整個組織。在她擔任執行長期間，女童軍的會員人數成長為原來的四倍；少數族裔會員的人數，也翻了三倍。

有位政治人物曾告訴我：「防止壞事發生的決策，是最得不到別人感謝的決策，因為我無法證明自己的成果。」保留也是如此，我們很少因為讓好事繼續存在，而得到任何功勞。只有做這件事的人在事後回顧時，才會覺得自己做對了。

我們很少問自己：「我的人生中，有什麼是值得保留的？」其實，回答這個問題，可以為我們省下許多時間和精力。因為保留有價值的行為，代表我們可以少改變一個行為。

3—去除

去除是件令人感到暢快的事，但我們通常必須勉強自己做這件事。就像清理閣樓或儲藏室一樣，我們永遠不知道，將來會不會後悔把自己的某個部分丟棄。或許我們將來還需要它；或許它是我們成功的祕訣；或許它是我們的最愛。

我職業生涯的最重大轉變，就是去除某些東西，而且我是經過別人的提點，才這麼做的。

當我快要四十歲時，經常全國跑透透，到各大企業演講，分享組織行為的概念。我處於工作重複，但收入很高的「保留」狀態，是恩師赫塞點醒了我。

「你的事業太成功了。」赫塞對我說。「你把太多時間花在到企業演講賺錢。」每當有人說我「太成功」，我就會樂不可支，腦筋一片空白，沈浸在別人的讚美中。但赫塞還沒說完。

「你並沒有為你的未來打算。」他說。「你並沒有做研究、寫作，想出新東西。你可以延續這個事業，做一輩子，但你將永遠無法成為你想要成為的自己。」

不知怎麼的，赫塞最後的這一句話，深深觸動了我的心。我非常尊敬赫塞，也知道他說得對。套用管理大師杜拉克的說法，我是「為了今天的享樂，犧牲了未來」。我可以預見，自己的未來是什麼樣貌，而且我看見了一片黑暗的空洞。我滿腦子只想著維持現有的舒適生活。將來有一天，我可能會感到厭倦或開始感到不滿，但那時，要改變可能為時已晚。除非我推掉一部分的工作，否則我永遠沒有時間，為自己創造一些新東西。

儘管收入可能大減，但從那一刻起，我決定要改變工作方式，不再為了賺錢而忙得像隻無頭蒼蠅。直到現在，我一直很感謝赫塞當時給我的建議。

我們都曾經去除某些對自己有害的東西，尤其當這麼做的結果，可以創造立即且顯著的效果。若有朋友總是帶我們去做令我們後悔的事，我們會遠離他；若咖啡因會使我們緊張心悸，我們就不再喝含咖啡因的飲料；我們也會辭掉不用大腦的工作，戒掉對健康有害的壞習慣。我們樂於去除那些會造成不良後果的行為。

真正的考驗在於，去除我們喜歡做的事（例如，所有小事都要管的習慣）。

這些習慣並沒有對我們的事業帶來明顯的害處，我們甚至認為它對我們有益（就算別人不一定這麼認為）。在這種情況下，當我們自問：「有什麼是我該去除的？」我們可能想不到任何答案。

4 — 接受

管理組織時，執行長通常可以清楚看見，改變之輪的前三項因素。（否則他在執行長的職位就待不久。）創造就是創新，承受風險創立新事業，在公司裡成立新的利潤中心；保留就是，不要忘了自己的核心事業；去除就是，裁撤或出售不合適的事業單位。

接受是比較少人願意採取的做法。企業人士大多不願意承認失敗，因此往往把「接受」與「默許」畫上等號。我曾旁聽某執行長與事業單位主管的預算會議。那是一家能源公司，營運深受政治與社會浪潮的管束與影響。五年來，國家的發展趨勢，對這家公司的許多事業單位非常不利。當營收成長停滯，然後開始萎縮時，這些事業單位靠著削減成本，達成營運目標。這種惡性循環策略，永遠不會有好的結局。在營收連續六年下滑之後，事業單位的主管仍然在開會時，端出樂觀的財務預測，認為只要繼續削減成本，就能補足獲利的缺口。

最後，這位執行長終於受夠了。他用力把這些報告丟到會議室的桌上，並說：「我們散會。下星期再重開。那時候我要看到你們提出的新計畫，根據一個條件：你們的事業單位明年會消失，而且不會再回來。我要看見能夠接受現實的財務預測。」

會議室裡的每個人，都握有相同的數據資料，但只有執行長以冷靜的頭腦，以及接受現實的心態，做出正確的判斷。

企業界有各式各樣的衡量工具：市佔率、品質評分、顧客回饋意見等等，幫助我們接受嚴峻的現實，或改變的必要性。但我們的自然反應是，自欺欺人（也就是只看好的，不看壞的），而非認清事實。

在人際關係方面，這股衝動會造成更糟糕的後果。我們憑藉的不是衡量數據，而是解讀空間極大的個人印象。我們只聽進自己「想聽」的話，而對於我們「需要聽進」的話，充耳不聞。進行績效評估時，主管給了我們六個中肯的意見，其中一個是正面的意見，另外五個是負面意見。我們自然而然，會加重那個正面意見在自己心中的份量。好消息總是比較容易接受。

有些人甚至難以接受別人的讚美。你是否曾經讚美某位友人的衣著，結果對方一句話就抹煞了你的好意：「哦，這件衣服啊？我已經好幾年沒穿了。」最恰當的回答是「謝謝」，而不是攻擊對方的判斷力與善意。

當我們無力改變現狀，接受就顯得更有價值了。但我們最痛恨的，往往是無能為力的狀況，它會觸發我們做出反效果行為。

- 當我們透過精心推論的邏輯，仍無法說服同事或配偶接受我們的立場，我們就會大吼大叫、威脅，或貶低對方。彷彿這麼做會帶來比較好的結果，而不是相信，理性的人可以接受異議。
- 當配偶因為我們在家犯的小錯誤而指責我們（例如，冰箱門忘了關、太晚去接小孩、忘了買牛奶），而這些錯的確是我們造成的，這時，我們往往會挖出另一半過去犯錯的陳年舊事。我們用翻舊帳進行毫無意義的爭論，而非說出事實：「你是對的，我很抱歉。」
- 當主管否決了我們的提案，我們會向部屬抱怨，自己的老闆多麼短視。

若我們反省自己的行為，我敢說，「不接受現實」所引發的不良行為，比創造、保留與去除加總起來的影響更大。

當我協助企業團隊改變行為時，改變之輪是我最先使用的工具之一。一個領導團隊裡，可能有好幾位或十幾位主管，每個人都有自己的意見。因此，讓所有人聚焦於可以簡化爭論的單純概念，是一件很重要的事。相較於「問題到底出在哪裡？」，或「你覺得你的同事有哪些需要改進的地方？」這類問題，問人「我們需要去除什麼？」可以更快得到共識。前者激發牢騷與抱怨；後者激發眾人想出正向的行動（即使涉及去除某些東西）。

進入核心的策略

當我的客戶艾莉西亞升任某大集團的人力資源最高主管，她的任務是，提高人力資源單位的角色與視野。這個集團有八個事業單位，員工總數超過十萬人。在許多企業裡，人力資源單位只扮演行政性角色：管管員工手冊之類的事，無權涉入公司的發展方向與策略。但艾莉西亞的公司並非如此。執行長非常清楚，公司的員工如此多，人力資源主管的每個決定，都具有舉足輕重的影響力。執行長告訴艾莉西亞，他決定讓她「進入核心」，她的工作和銷售最高主管或營運長一樣重要，希望她不要浪費了這個大顯身手的機會。

我花了兩天時間，協助艾莉西亞和她的團隊，發想「進入核心」的策略。艾莉西亞以改變之輪為架構，要團隊成員只需要決定四件事：在創造、保留、去除與接受這四方面，各選擇一件事來做。他們得到的結果如下：

■ **創造**：確保整個組織擁有更優秀的人才，尤其在高科技事業單位，他們要聚焦於提高聘雇條件。他們的新策略是，從標竿企業與一流名校，尋找招募對象。

■ **保留**：他們幾乎花了一整天的時間，討論這個議題。對於「什麼值得保留？」這個問題，每個人的答案都不同。最後，所有人一致同意，文化是他們最想保留的東西。在這個單位裡，所有人感情融洽，合作無間。每個人可以自在地與其他人交流意見，內訌的情況幾乎不曾發生。每個人都埋頭苦幹，而且不會受到任何質疑。他們異口同聲表示：「不論我們做什麼，都不要失去這種感覺。」那是個非常感人的時刻。我想，在做出這個決定之前，他們從來沒想過，他們為自己創造了一個多麼罕見的愉快工作環境。

■ **去除**：這個答案是艾莉西亞提出來的。她認為，若要花更多時間提升公司的雇主形象，並且到各大學與研討會招募員工，代表他們的辦公時間會減少。她對團隊說：「如果還埋頭做行政工作，我們就無法提升策略視野。」所有人都同意，把部分原有的工作指派給部屬，甚至設定時間的分配：每個人要減少百分之三十的文書處理時間。

■ **接受**：提升公司的人才水準，無法在一夜之間，甚至是一、兩年之內達成。這是一場長期抗戰。此外，沒有人能保證，一旦達成目標，他們就能得到應有的功勞。其他單位的主管一定會認為，所有的成果都是自己的功勞。因此，他們決定接受這個事實：這是一場長期抗戰，而且功勞可能會被別人搶走。

誠實面對自己

改變之輪的簡潔之美就在於此。當我們直截了當地探索，什麼是我們能夠與不能改變的東西，以及什麼該丟棄、什麼該保留，往往會發現，答案竟如此簡單，並因此大感訝異。

改變之輪同樣適用於一對一的互動。即使我們獨自一人，待在漆黑而安靜的房間裡，專心沈思自己的未來，我們的頭腦裡仍有各種雜音，干擾我們。向自己提出人生哲思的問題，可以讓我們把干擾的雜音，以及日常的瑣事與煩憂拋在腦後。

改變之輪的分析結果沒有對錯可言，只要是坦誠面對自己得到的答案，都是好答案。這使我想起一位客戶的例子。史提夫是一位在曼哈頓工作的財務主管，但他的家在哈德遜河對岸的紐澤西。以下是他的分析結果：

- 創造：減少通勤時間。
- 保留：對家人的重視。
- 去除：現在的通勤方式。
- 接受：我的高爾夫球技不可能再進步了。

通勤、家人和高爾夫球？這樣的組合我從來沒見過。我以為他在隨便敷衍我（雖然通勤顯然是他很在意的事）。經過討論後，我終於明白，他的答案其實有邏輯與統一性，而問題的解決方法也自然浮現。

是的，史提夫的確非常痛恨，每天要花三小時，在紐澤西的住家與曼哈頓的辦公室之間往返通勤。這壓縮了他與老婆，以及三個小孩的相處時間。選擇住在郊區，是基於他對高爾夫球的熱愛，因為球場都在郊區。而史提夫的答案顯示，他需要修正人生的優先順序。此外，他的答案有非常緊密的關聯。

當史提夫看出，高爾夫球在他的人生中，已不再那麼重要，並且接受這個事實，這意味他們再也不需要住在郊區。如果搬回曼哈頓，他就可以走路上班。縮短了通勤所需時間，去除了最令他感到痛苦的事，不僅保留與家人相處的時間，甚至有更多時間與老婆孩子相處。於是，他賣掉郊區的大房子，全家搬到離辦公室十分鐘路程的公寓。從此以後，他經常回家和家人一起吃晚飯。史提夫仍有其他與工作有關的行為問題，有待討論，但最令他頭痛的問題已經消失了。

當我們自問，自己需要創造、保留、去除與接受什麼（我想，很少人曾經這麼問自己），就會有好事發生。發現人生中真正重要的東西是什麼，是個禮物，而非負擔。接受這個禮物，好好看清它吧！

消滅想像中的敵人

我發現，當我們檢視自己為何無法成為我們想成為的自己，我們會得到一長串負面選項，使我們看似狹隘偏執、不願改變的人。不過，這沒有關係。當我們找出自己為何不做某些事的原因時，負面選項的出現在所難免。

但我們並非沒有希望。當納汀改變自己在會議中的行為，他就消滅了自己想像中的敵人；瑞尼利用隨身攜帶的小卡片，使自己成為更好的主管；史丹不再出席家庭會議，並因此減少了與家人的摩擦。

這些行為改變並非在一夜之間發生。納汀花了十八個月，才讓同事肯定他確實變了；直到現在，瑞尼仍隨身攜帶自我提醒的小卡片；史丹因為被排除在「他的」基金會之外，抱怨了好幾個月，之後才坦然接受家人與自己之間新的互動方式。

誠然，這些人有外部教練的幫助（也就是我），為他們指出環境對他們的不利影響。但了解自己為何產生種種行為，對我們的幫助相當有限。它只能使我們看清過去，而非未來。

要進行這個具體形象的改變，是一個過程。我們要隨時提高警覺，並不斷自我監督。我們要一再重複相同的事，那些被我們視為太簡單、丟臉，甚至不屑做的事。最重要的是，這個過程會促使我們重拾一個我們從小就擁有的本能。隨著我們學會享受成功與害怕失敗，這個本能逐漸消失，那就是嘗試。

第二部

努力嘗試

Chapter 09

主動性問題的力量

擔任教練工作時，我只有幾個「絕招」可用。

道歉是絕招之一。只有鐵石心腸的人，才會拒絕原諒坦承錯誤的人。道歉是改變行為的開端。

請求協助是另一個絕招。很少人會拒絕真心請求協助的人。請求協助可使我們的改變，持續進行下去。

樂觀（不只是內心的感受，而且要表現出來）是第三個絕招。有自信的人相信，一切會順利進行。人們自然而然會受這種人吸引，而且希望被這種人帶領，願意為他加班，助他達成目標。樂觀幾乎可以使改變成為一種自我應驗預言。

這三個舉動之所以有神奇效果，是因為它可以有效激發他人產生友善的行為，而且非常容易做到。

本章要介紹第四個絕招：提出主動性問題。它和道歉或請求協助一樣容易辦到，但涉及另一種觸發機制。它的目標是改變我們的行為，而非別人的行為。不過，它仍然有非常神奇的效果。自我提問是一個受到嚴重誤解、鮮少人做的簡單行為，但它卻可以改變一切。

第一個錯：問錯問題

我是從女兒凱莉（Kelly Goldsmith）那裡學到這個觀念的。凱莉擁有耶魯大學行為行銷學博士學位，在西北大學凱洛管理學院任教。

那天，凱莉和我討論一個一直存在我工作領域的謎團：美國企業界投資上百億元於員工訓練，企圖提高員工投入（engagement），但徒勞無功。

凱莉耐心地向我解釋，這個現象的原因之一是，儘管企業投入大量資源於員工訓練，但它所做的事往往是扼殺，而非提振員工投入。企業犯的第一個錯，就是問錯問題。進行員工投入調查時，幾乎所有組織的標準做法是，仰賴（凱莉所謂的）被動性問題，這種問題描述的是靜態的狀態。「你有明確的目標嗎？」是個標準的被動性問題。它的被動性在於，它使人們思考的是，自己得到了什麼樣的對待，而非自己主動為自己做了什麼。

被問到被動性問題時，人們提供的答案幾乎都是「環境性」訊息。因此，若某位員工被問及「你有明確的目標嗎？」，而他回答「沒有」，這時，他往往會把原因歸咎於外在因素，例如，「我的主管無法做出決定」，或「公司的策略每個月都在變」。員工不太會捫心自問，自己付出了多少努力，並回答「問題出在我身上」，而是把責任推給別人。「你有明確的目標嗎？」的被動性結構，促成了被動性的答案（「我的主管沒有設定明確的目標」）。

凱莉說，最後的結果就是，當公司進一步請員工提供，這個情況該如何改善的積極建議，員工的答案會再度聚焦於外在環境，而非自己。「主管需要接受訓練，學習如何設定目標」，或「高階主管需要學習，如何有效傳達公司願景」，是典型的回答。在實質上，公司彷彿在問「我們哪裡做錯了？」而員工樂於列出公司所犯的所有錯誤。

被動性問題本身並沒有任何不妥或錯誤。這種問題可有效幫助企業了解，自己在哪些方面需要改進。然而，這種問題可能在無意中，促成了非常負面的結果。若只問員工被動性問題，可能導致員工逃避所有的責任與當責態度，並可能讓員工以為，可以把責任推給別人，自己不必承擔任何責任。

主動性問題則是另外一種問問題的方式。被動性問題問：「你有明確的目標嗎？」；主動性問題則問：「你是否盡全力為自己設定明確的目標？」兩者的差別在於，前者的目的在於了解員工的心理狀態；後者要求員工描述或提出行動方向。凱莉指出，企業問的幾乎都是被動性問題，而完全忽略了主動性問題。

員工投入的迷思

對一般人來說，這只是過度熱衷於複雜組織行為的父女倆，關於語義學的冷門對話，但它卻對我的事業產生極大的影響。我們談論的員工投入，是人力資源專業人士非常關切的主題，而我的客戶有許多人是人力資源主管。

在管理界，「投入」是傳說中的理想狀態，相當於運動員進入「出神入化」的境界，或是藝術家與創作靈感「合而為一」的狀態。對人力資源專業人士而言，員工投入雖不至於像迪士尼動畫「白雪公主」的「邊吹口哨邊工作」那般天真，但也相去不遠。

不過，員工投入就像「全面就業」或世界和平一樣，遙不可及，且遭到誤解。多年來，我花費無數心力與這個概念纏鬥，並與專業人士討論交流，但只得到勝負各半的戰果。為什麼有些人的工作熱忱很容易被激發，有些人的情況卻難如登天？

有一次，我受邀到某人力資源主管會議上演講，講述教練（coaching）的概念。在那個會議上，我的疑惑達到最高點。在我之前，有三位頂尖企業的人力資源最高主管，暢談員工投入為何是企業致勝的關鍵。接下來的主講者，提出了驅動投入的關鍵要素，這些概念充滿了企圖心，例如：

- 提供公平的薪酬與福利
- 提供適當的工具與資源
- 創造可激勵坦誠溝通的學習環境
- 多元，且具挑戰性的工作指派

● 發展善於授權、培育部屬、給予肯定與適時回饋、建立良好人際關係的主管

這些觀念都很有道理。有誰會否認，與不在乎公司好壞、不投入工作的員工相較，願意為公司多做一些分外工作、全心投入工作的員工，會創造比較高的生產力？有誰會認為，以低於業界水準的薪資，不提供員工適當的工具，是提高員工投入的好方法？

然後，這些人力資源主管提到，現在的員工投入水準降到史上最低（二〇一一年蓋洛普〔Gallup〕調查顯示，員工投入幾乎沒有改善：七一%的美國人表示，自己在工作時，處於「沒有熱忱」或「極度沒有熱忱」的狀態。*）但他們無法解釋這個現象的原因，以及企業的訓練投資為何成效不彰。

同樣環境，不同投入

*布萊克史密斯（Nikki Blacksmith）與哈特（Jim Harter），「絕大多數美國人工作時沒有熱忱」「蓋洛普全民福祉調查」（Gallup Wellbeing），二〇一一年十一月。

當時我大為震驚，企業投入大量資源於員工訓練，員工投入卻沒有獲得改善，這一點也不合理。

不過，我不該如此訝異，因為我每次搭飛機時，幾乎總會看到支持這個說法的證據。在三小時的航程中，我看到有些空服員展現出正向、積極、樂觀，且熱情的工作態度。他們是員工投入的典範；另一些空服員則表現出負面、消極、悲觀，且痛苦的態度。他們是極度不投入的員工。

他們的態度為何有如此大的差別？他們的工作環境完全相同：同一個航班、同一群乘客、領相同的薪水、相同的工作時數，甚至接受相同的訓練，但他們展現的投入程度卻有天壤之別。

於是，我開始在航空公司的櫃枱與貴賓室，私下進行投入程度測試。每當我出示美國航空公司的里程貴賓卡時（一千一百萬英里的里程，代表我是該公司的忠實顧客），我會留意員工的反應。這張卡片的外觀並不搶眼（不像喬治·克隆尼〔George Clooney〕在電影「型男飛行日記」〔Up in the Air〕中，達到一千萬英里的里程後，拿到的那張時髦的鐵灰色卡片），因此我會問對方「你看過這種卡嗎？」藉此引起對方的注意。

理論上，投入程度高的航空公司員工一看到這張卡，就會把我當作貴賓，因為它代表我對這家航空公司的精神與經濟支持。但基於我在空服員身上觀察到的工作投入情況，參差不齊，因此我對地勤人員的表現，不敢抱有太高的期待。

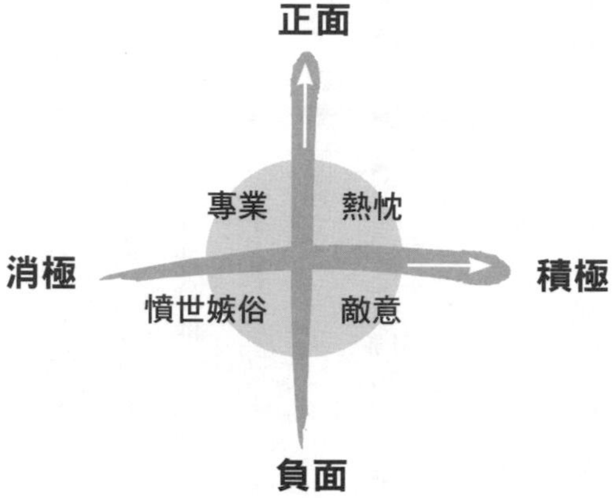

根據我的經驗，投入程度高的員工會展現正面且積極的工作態度。他們不僅熱愛自己所做的事，而且樂於讓全世界的人感受到這股熱情。我利用這些特質：正面與負面，積極與消極，追蹤他們對我的頂級貴賓卡的反應，區分出四個層次的投入程度：

■ **熱忱**：正面且積極的員工會仔細看這張卡，彷彿他們從來沒見過一樣，然後說出「好酷啊！」之類的話。有些人甚至會叫其他同事過來看。他們會發自內心地感謝我的忠誠。即使這個互動很快就會被我們遺忘（因為它沒有達到交易的層次，更算不上建立關係），而且我們以後很可能不會再見面，但這些員工讓我很開心。這是貨真價實的投入工作。

■ **專業：**我曾在達拉斯的機場櫃枱，遇到一位正面而消極的員工。她以愉快的神情對我說：「非常感謝您的支持。」這也很好，她讓我覺得自己受到重視。她展現了專業精神。

■ **憤世嫉俗：**我最常得到的反應，是對方以負面且消極的語氣對我說：「很不錯」或「很有趣」。這種員工覺得工作很無聊，而且不關心顧客。他們以被動式攻擊的方式，在表面上展現投入精神，但語調透露出，他們其實根本不在乎。

■ **敵意：**最底層是負面但積極的類型。他們很討厭自己的工作，只是勉強和我互動。比較好的情況是，他們以同情的態度對待我（「希望你以後不需要這麼常出差」）；比較糟的情況是，他們會攻擊我這種人的存在。有位男性員工看到我的貴賓卡後，對我說：「我真是受夠了你們這種人，以為自己經常搭飛機，累積了一大堆里程，就期待航空公司給你們各種禮遇。」（他用拉長了的語氣說「一大堆里程」時，我差點忍俊不住。一般來說，當我聽見有人對我說「你們這種人」，我知道後面不會有好話。這位員工果然沒有讓我失望。）

每當我在服務業遇到「敵意」或「憤世嫉俗」的員工，心中總會浮現兩個疑問：

- 雇你來從事客服工作的，是哪個天才？
- 你到底是怎麼了？

我的主要工作之一，是回答第一個問題。遇過那位有敵意的地勤人員後，我更加努力告誡企業，完成員工訓練後，後續追蹤極為重要。這是我一直主張的觀念：沒有後續追蹤，員工就不會變得更好。因此我們要努力加強對員工表現的後續追蹤。

員工必須對自己的行為負責

凱莉使我意識到，我仍然太過聚焦於企業。事實上，當我質疑「是誰雇用這種人」,「是誰讓這種人從事第一線的客服工作」,就顯示我仍然認為,創造投入的員工,是雇主的責任,而非員工的責任。強調後續追蹤的重要性,代表我只是增加企業的負荷,要他們徹底記錄員工訓練有多失敗。

我的主張並沒有錯,但我忽略了另一半人的責任:員工必須對自己的行為負責。重點不在於,航空公司做了什麼,來提高空服員的投入,而是空服員做了什麼,來提高自己的投入!

這個突破性觀念點醒了我,於是我決定和凱莉進行一個對照研究,測試主動性問題對接受訓練的員工,所產生的成效。

理論上,後續追蹤問題的不同措詞,會產生可衡量的差別。因為主動性問題會讓受訪者聚焦於,自己可做些什麼,才能為這個世界帶來正向改變;而不是這個世界可提供什麼給他們,為他們的人生帶來正向改變。(甘迺迪總統曾說過美國歷史上最有名的一句話,呼籲美國人民奮起,貢獻一己之力:「不要問國家能為你做什麼,而要問你能為國家做什麼。」甘迺迪顯然明白這個道理。)

在第一個研究中,我們設計了三組受試者:第一組是對照組,這組人沒有接受訓練,並要回答訓練前後的問卷,回答快樂、意義、建立正向人際關係,與投入程度等方面的問題。

第二組人接受兩小時的訓練，主題是「提高職場與家庭的投入度」。訓練結束後的十個工作天，每天回答下列被動性問題：

1. **你今天是否快樂？**
2. **你今天的人生是否有意義？**
3. **你的人際關係是否積極正向？**
4. **你的投入程度如何？**

第三組人接受了相同的訓練。訓練結束後的十個工作天，每天回答下列主動性問題：

1. **你是否盡了全力讓自己快樂？**
2. **你是否盡了全力找到人生的意義？**
3. **你是否盡了全力與他人建立積極正向的關係？**

4.你是否盡了全力全心投入工作？

兩個星期後，這三組人要針對自己在快樂、意義、正向人際關係與投入程度等方面的情況，給予評分。

結果呈現驚人的一致性。對照組幾乎沒有顯示任何改變（對照組通常是如此）；回答被動性問題的受試者（第二組），顯示在四個方面都有正向進展；回答主動性問題的受試者（第三組），其進展在所有方面都是第二組的兩倍！

主動性問題可以讓訓練的成效翻倍。當然，有做後續追蹤一定比沒有做後續追蹤還要好。不過，只要在後續追蹤問題的措詞上，做個小改變，聚焦於員工可以掌控的部分，就可以創造驚人的差異。

IO

Chapter

提高投入度的問題

光靠一個研究，不足以回答我和凱莉的所有疑問；相反的，它反而使我們想得到更多答案。因此，我們開始著手第二個研究。研究的對象是，來上我的領導力課程的學員。課程結束後，他們要在接下來的十個工作天，回答六個主動性問題。

我採取「逆向工程」方法，根據我的經驗與研究文獻，找出可提高員工投入的因素，製作出六個問題。以下是我最後擬定的六個問題以及理由：

1—我今天是否盡了全力，為自己設定明確的目標？

相較於沒有明確目標的員工，擁有明確目標

的員工會比較投入工作。這並不令人意外。若沒有明確的目標，當你自問：「我是否全心投入？」接下來的問題就是，「投入什麼？」不論對組織或個人而言，都是如此。沒有明確的目標，就不會有投入的動力。

二〇〇八年金融危機發生後，我與某銀行合作。這家銀行在三年內，已經「送走」了三位執行長。高階管理團隊的投入度評分顯示，這家銀行不知道未來要朝哪個方向發展，因為最低的分數落在「我有明確的目標嗎？」這個項目。只要把這個問題改成以主動方式敘述，就會得到截然不同的結果。這些高階主管原本因為組織領導人欠缺方向，而士氣低落，自從他們開始每天設定自己的方向與目標，不再等待別人下指令之後，他們的投入程度就顯著提高了。

2—我今天是否盡了全力，朝著自己設定的目標努力？

艾默伯（Teresa Amabile）的著作《進展法則》（The Progress Principle）一書告訴我們，清楚感受到自己「有進步」的員工，比沒有這種感覺的員工，更加投入工作。我們不只需要明確的目標，還需要看見自己越來越接近目標，而非離目標越來越遠。否則，我們會感到挫敗與氣餒。想像一下，若你選定了某個目標，結果你非但沒有進步，反而退步了，你還有動力繼續下去嗎？進步會讓我們的成就更有意義。

3—我今天是否盡了全力，找到人生的意義？

今日，人們大多同意，找到意義與使命感，會讓人生變得更美好。弗蘭克（Viktor Frankl）是猶太人大屠殺的倖存者。他在一九四六年出版的經典著作《活出意義來》（Man's Search for Meaning）一書中提到，努力找到人生意義的過程，可以讓我們在最慘絕人寰的環境中，仍能存活下來。能否找到人生的意義，完全取決於我們，而不是外在機構（例如我們的公司）。這個問題激勵我們，不論做什麼，都要發揮創意，從中找到意義。

4—我今天是否盡了全力，讓自己快樂？

員工的投入程度，與他們是否快樂，究竟有沒有關聯，目前尚無定論。我認為，快樂與意義密不可分，兩者我們都需要。若員工表示他很快樂，但工作沒有意義，這種人通常會感到空虛，彷彿他只追求快樂，而浪費了人生；相反的，若員工認為自己的工作很有意義，但他做得不快樂，這種人會覺得自己像個殉道者（而且通常不願意繼續待在這樣的環境中）。

吉伯特（Daniel Gilbert）的《快樂為什麼不幸福？》（Stumbling on Happiness）一書指出，我們往往不知道，什麼可以帶給我們幸福。我們以為快樂的源頭「在那裡」（out there，更好的工作、賺更多錢、更好的生活環境），但我們往往「在這裡」（in here）找到幸福。當我們不再等待別人帶給我們快樂，而是靠自己找到喜悅，我們永遠可以在此時此地，找到幸福。

5｜我今天是否盡了全力，建立正向的人際關係？

蓋洛普曾問員工「你在職場有沒有死黨好友？」結果發現，答案與員工投入有直接關聯。只要把問題從被動改為主動，我們就可以提醒自己，持續強化正向的人際關係，甚至建立新的關係，而不要評斷現有的人際關係。要「擁有好朋友」最好的方法就是，努力「當個好朋友」。

6｜我今天是否盡了全力，全心投入我所做的事？

這個問題是所有問題的核心：若要提高投入程度，我們必須先自問，自己是否盡力參與其中。若短跑選手在平常訓練時，不斷超越自己的水準，他就比較可能在比賽時締造佳績；同樣的，若員工有意識地提高自己的投入程度，並經常衡量自己付出了多少努力，就會越來越投入工作。這是一種自我應驗的關係：衡量自己的投入程度，會提高我們想更加投入的決心，並提醒我們，我們必須對自己的投入負責。

我的訓練課程學員自願在課程結束後，回答這六個問題。十天之後，我們會進行追蹤，問他們：「你的情況如何？有沒有進步？」到目前為止，我們進行了七十九梯次的研究，受訪者累積了二五三七人，成效非常驚人。

- **三七％的人表示，他們在六個方面都有進步。**
- **六五％的人至少在四個方面有進步。**
- **八九％的人至少在一個方面有進步。**
- **十一％的人沒有任何改變。**
- **〇．四％的人至少在一個方面退步了（我也不懂為何會如此）。**

有鑑於人們不喜歡改變現狀，這個研究顯示，主動性問題可以引導我們找到和這個世界互動的新方法。主動性問題可以幫助我們了解，自己正在哪些方面不斷努力，以及在哪些方面已經放棄。透過這個做法，我們可以清楚掌握自己可以改變的是什麼，藉此提高控制力與責任感，不再感到無能為力。

我的每日提問

當我思考「你有明確的目標嗎？」，與「你是否盡了全力為自己設定目標？」之間的差別，我突然意識到，自己也犯了相同的被動性錯誤。

多年來，我一直遵守每天晚上進行「每日提問」的習慣，我會請人打電話給我（不論我身在何處），要求我回答我為自己設計的一組問題。每天進行，沒有例外。有很長一段時間，這個「每日提問」包含十三道問題，其中有好幾個問題與身體健康有關，因為若沒有健康的身體，其餘的事都免談。第一個問題一定是「我今天快樂嗎？」（這一點對我很重要），接下來的問題包括：

- **我今天過了有意義的一天嗎？**
- **我的體重是多少？**
- **我有沒有對太太萊達說一句貼心的話，或為她做一件貼心的事？**

諸如此類。每天晚上坦誠回答這些問題，使我專注於我的目標：成為更快樂，且更健康的人。一年當中，我有半數的日子要到外地出差，因此，我的生活非常不規律。十多年來，我的生活中唯一不變的事，就是這項自我要求。（我並不是自誇自己長期持續這個習慣，我只是想表達，我多麼需要紀律的輔助。）

如果某天我說服客戶，到戶外一邊散步，一邊進行我們的活動，我會在當天晚上提到，那天走了幾分鐘的路；如果我熬夜的隔天又早起，我會提到，我那天零碎的睡眠時間加起來有多少；如果我某天忘了打電話給萊達，上述最後一個問題的答案就是「沒有」。這通「每日提問」電話從來不會超過兩分鐘。

當我運用凱莉的主動與被動問題區分法，檢視我的「每日提問」清單，我發現，許多問題的措詞不夠理想，大多是因為太過被動。這些問題不具有啟發性或激勵性，以致於無法驅使我更努力。它們只是要我衡量，我那天是否達成了目標。假如我在「看電視」的項目得分很低，這個分數並不會導致我自責或產生罪惡感，也不會使我覺得自己偷懶，或辜負了自己的期待。我其實可以在隔天有更好的表現。但就和回答被動性問題的多數人一樣，我覺得自己會犯錯，是環境所致，而不是我自己造成的。

於是，我拿這些問題做實驗，利用凱莉的「我是否盡了全力」句型，改寫這些問題。

- **我是否盡了全力讓自己快樂？**
- **我是否盡了全力找到人生的意義？**
- **我是否盡了全力維持健康的飲食？**
- **我是否盡了全力當個好丈夫？**

突然間，我要回答的，不再是我的表現如何，而是我付出了多少努力。這個差別對我很有意義，因為按照我原來的問題，如果我不快樂，或忽略了萊達，我總是可以怪罪於外在因素，而不是我自己。我可以告訴自己，我之所以不快樂，是因為航空公司讓我在飛機跑道上等了三小時（換句話說，航空公司必須為我的快樂與否負責）；如果客戶帶我去他最愛的烤肉店吃飯，結果我吃了過量的食物，是因為那裡的食物份量大、熱量高，且難以抗拒（換句話說，我的客戶（還是餐廳？）必須負責控制我的食量）。

我是否盡了全力

把「我是否盡了全力」的句型加進來，就同時把「努力」納入我們的思維，為我的每日問答，注入了擁有權感與責任感的概念。使用新的問題清單幾週後，我發現它造成了一個意外的效果。主動性問題不僅要求我提供答案，還激發我想達成目標的企圖心。為了精準描述我那天做了什麼，我不能只回答「有」、「沒有」，或「三十分鐘」。我必須思考，如何描述我的答案，換句話說，我必須衡量自己付出多少努力。

為了讓這個活動有意義（也就是說，看出我有沒有進步），我必須以相對比例衡量自己的表現，把今天的表現與前幾天的表現做比較。我選擇用一分到十分的量表，十分是最高分。如果我在「努力讓自己快樂」的得分很低，我只能怪自己，怨不得別人。或許我們無法每次都達成目標，但我們沒理由不努力嘗試。每個人都可以努力試試看。

若我問自己：「我有沒有對萊達說一句貼心的話，或為她做一件貼心的事？」我可以打電話給萊達，對她說「我愛你」，然後就算了事。若我問自己：「我是否盡了全力當個好丈夫？」我發現，自我要求的標準會因此拉高許多。

這種「化被動為主動」的做法，可以幫助每個人在所有方面改善情況。每天只需要花幾分鐘，就可以完成這些問答。但你要有心理準備：面對自己的實際行為，檢視自己是否夠努力，而且是每天進行，絕對不是件容易的事。

在那之後，我的「每日提問」清單更新了很多次。這個清單若不經常汰換，就表示它沒有發揮功效。當我在某些方面進步了，就可以把舊問題剔除，加入新的問題。如下頁附圖所示，這些是我目前使用的二十二個問題，我用這些「我是否盡了全力」問題，每天進行自我檢視。

其中，前六個問題是我建議所有人使用的「提高投入度問題」；接下來的八個問題，是根據「改變之輪」的核心概念得出，也就是我在創造、保留、去除與接受方面，做了什麼。舉例來說，學習與寫出新東西就是創造；心懷感恩就是保留；避免憤怒發言，以及沒必要時，不力圖證明自己是對的，就是去除；不浪費精力在無法改變的事物上，以及原諒自己，就是接受。其餘的問題，則與我的家人和個人健康有關。

這個清單的題數沒有任何限制，根據你想解決多少議題，自己決定。我有些客戶每天晚上只有三、四個問題要自問自答。我列出二十二個問題，是因為我需要大量協助（顯然如此），也因為這個提問練習我已經進行了很久。成功人士剛開始進行「每日提問」時，比較容易列為目標的是籠統人際關係議題（例如，忍住永遠要當贏家的衝動，或是提高合作精神），在過去這麼多年來，我已經克服過這些課題。至少，它已不需要出現在我的「每日提問」清單了。

這個表單列出的是，我到國外出差時常用的問題清單。在那週當中，我從紐約飛到羅馬，然後是巴塞隆納、馬德里、蘇黎士，最後從新加坡轉機到雅加達。我在三個歐洲城市做了長時間的演講。旅途中遇到了一些小插曲：有個司機沒有按照約定出現（我大可以把這件事當作藉口，大發雷霆）；有幾個晚上我睡得很好，有幾天沒睡好（我大可以歸咎於時差）；我的飲食面臨嚴重挑戰，因為我在羅馬和馬德里有晚餐邀約（我大可以把這些邀約當作藉口，大吃一頓）；我很享受站在眾人面前演講的時光；我花了不少時間回覆電子郵件與處理其他小事；我的寫作產出不如預期。

當我每天晚上為自己打分數時，就要反省這些狀況。這週的反省摘要是：我需要當個更理想的岳父（我的女婿瑞德是個很好的人）。我的行程有點太緊湊（對

每日提問

我是否盡了全力（1至10分）	1	2	3	4	5	6	7	每週平均得分
	進行天數							
設定明確的目標？	10	9	10	10	7	9	4	**8.43**
朝著目標前進了一些？	8	10	10	9	8	9	6	**8.57**
找到人生的意義？	7	9	10	9	9	9	6	**8.43**
讓自己快樂？	8	10	9	8	10	9	9	**9.00**
建立正向的人際關係？	4	9	10	9	9	10	5	**8.00**
全心投入？	6	10	10	9	8	9	6	**8.29**
學習新東西？	8	3	2	3	9	3	9	**5.29**
寫出新東西？	10	0	0	1	7	2	8	**4.00**
維繫與所有客戶的關係？	10	10	10	10	10	10	10	**10.00**
對自己擁有的一切心懷感恩？	10	10	8	10	7	10	9	**9.14**
避免對他人說出憤怒或惡毒的話語？	8	10	7	9	10	10	10	**9.14**
原諒自己與他人的過錯？	10	10	10	10	6	10	8	**9.14**
沒必要時，不力圖證明自己是對的？	10	4	6	4	10	9	10	**7.57**
不浪費精力在無法改變的事物上？	9	8	6	8	10	9	10	**8.57**
運動？	8	10	10	10	10	3	8	**8.43**
靜坐？	1	9	10	9	8	8	8	**6.14**
好好睡一覺？	10	8	10	10	10	10	10	**9.71**
維持健康的飲食？	10	10	2	4	4	7	3	**5.71**
對萊達說一句貼心的話，或為她做一件貼心的事？	8	8	8	10	8	5	8	**7.86**
對布萊恩說一句貼心的話，或為他做一件貼心的事？	8	8	8	8	8	8	0	**6.90**
對凱莉說一句貼心的話，或為她做一件貼心的事？	5	5	10	8	8	5	0	**5.90**
對瑞德說一句貼心的話，或為他做一件貼心的事？	0	0	0	0	5	0	0	**0.71**

一個六十五歲的人而言）。我希望持續這份工作，但或許把腳步放慢一些（如果我接下來沒有把這個目標列入「每日提問」，就代表我並不是真心想這麼做）。

重點是，你的「每日提問」清單應該反映出你的目標。你不需要向世人公開這個清單（除非你要以它為主題寫書），這意味你不需要拿這些問題批判自己。你不必為了讓別人欽佩，而製作這份清單。這是你的清單，你的人生。我用一到十分為自己的執行成果評分。你可以用任何自己喜歡的方式評量。你唯一要考慮的是：

- **這些目標對我很重要嗎？**
- **達成這些目標，能否幫助我成為我想成為的自己？**

激發我們更努力

主動性問題並非無意義的區別。專業的民意調查機構深知，問題的敘述方式會嚴重影響調查結果。（舉例來說，要我回答同意或不同意「確保和平的最佳方法，是訴諸軍事武力」的敘述，和要我從「確保和平的最佳方法，是訴諸軍事武力」，以及「確保和平的最佳方法，是訴諸外交周旋」這兩個選項中選擇其一，會得到不同的結果。當外交周旋的選項存在時，人們大多不會選擇軍事武力這個選項。）

這正是主動性問題擁有神奇效果的原因，因為它注入了「我是否盡了全力……」的概念，激發人們想要更努力。

努力嘗試不僅會改變我們的行為，還會改變我們對那個行為的解讀與反應。努力嘗試不只是目標措詞的微調，還會傳達我們沒有預期的情緒衝擊，啟發我們改變自己，或使我們徹底放棄。

請想像你自己的「每日提問」清單。如果你和大多數人一樣，你的目標應該會落在幾個大範圍裡：健康、家庭、人際關係、金錢、精神成長，與自律。

你會有一、兩個目標與親密的人際關係有關（對伴侶好一點、對孩子有耐心一點）；幾個目標與飲食和健康有關（減少糖分的攝取、報名瑜珈課、每天用牙線清潔牙齒）；以及時間管理的目標（半夜之前上床睡覺、每天看電視的時間少於三小時）。

還有些目標與你在職場的行為有關（尋求協助、拓展人脈、找新工作），以及某些更有企圖心的活動（開始經營部落格、加入某個職業社群、為專業雜誌撰寫文章）。

有些目標會涉及精神層次的提升（閱讀小說《米德鎮的春天》（Middlemarch）、進修藝術課程、學中文），以及改掉不好的個人習慣（咬指甲、把「你知道的」當作口頭禪、把脫下的衣服丟在地板上）。

另外，因為我們喜歡明確的短期目標，所以一定會有幾個短期內可以達成的特定目標，例如完成某件家事，或重新擺設房間。

沒問題，盡量放手做。把目標放進表格裡，每天晚上為自己的表現打分數。請盡量以「我是否盡了全力……」描述問題。現在，看看你列出的清單，預測自己在三十天後的成功機率有多少。如果你和大多數人一樣（九〇%的人認為，自己的表現會在平均值之上），你預測的目標達成率，會高於五〇%。

剛開始進行自我改造計畫時，我們都相信自己會成功，這是很合理的假設。但在現實世界裡，我們是優秀的計畫者，糟糕的執行者，事情通常不會如此順利發展。

在課堂上教學生「每日提問」練習時，我會信心滿滿地做出預測：「兩個星期之內，你們有一半的人會放棄這個練習，不再回答這些問題。」

我接著說，他們會在某些項目開始偷懶，然後不再為自己評分，最後徹底放棄整個練習。這是人性，我說。在每個團體中，不可能每個人都拿A，即使讓每個人為自己打分數。有些人會比其他人更努力，形成落差。我之所以能信心滿滿地如此預測，是因為我已經看過太多例子。要我們每天照著鏡子，承認自己對於生命中最重要的事物，連試著努力一下都做不到，簡直比登天還難。

不是放棄，就是行動

即便是檢查表與「每日提問」的忠實信徒，也就是這個觀念的知名提倡者，仍難以免疫。波士頓外科醫師葛文德（Atul Gawande）在二〇一一年出版《檢查表：不犯錯的祕密武器》（The Checklist Manifesto）一書時，我們曾通過電話，聊到我的「每日提問」。葛文德對這個概念很感興趣，並表示要採用。

幾個月後，我詢問他的進度如何，他說，這個練習改變了他的人生。他雖然身體健康，正值壯年，但有老婆和兩個兒子要照顧，而他一直沒有買壽險，為家人提供保障。於是，他在每日提問清單中，加了一條：「買人壽保險的事，有任何進展嗎？」這不是改變行為，比較像是一件待辦的瑣事，只要完成，就可以從清單刪除。不過……

十四天過去了，這個問題的答案始終是「沒有」。

葛文德醫師盯著這一長串的「沒有」，沮喪不已。他很清楚這件事有多麼諷刺：他每天用檢查表，救了許多陌生人的命，但買壽險保障家人這樣的簡單小事，他卻辦不到。他無法通過自己出的考題。

但諷刺並不會觸發行動。葛文德告訴我，一長串的「沒有」觸發了強烈的情緒。一個簡單的舉動就可以帶來極大的好處，而他卻遲遲不去做，令他感到非常羞愧。於是他在隔天就去買了壽險。

這就是每日自我問答的潛藏力量。當我們一直無法達成目標，我們最後不是乾脆放棄這個目標，就是強迫自己採取行動。問題是我們自己設計的，也知道答案，但就是沒做到，這會使我們感到羞愧或丟臉。若問句是以「我是否盡了全力……」敘述，我們的羞愧感會更加強烈，因為我們必須承認，自己明明知道該做些什麼，卻連嘗試一下都做不到。

II
Chapter

每日提問的實踐

對愛蜜莉來說，觸發她改變的觸發物是全食超市（Whole Foods）的員工折扣日：店內所有商品（包括新鮮蔬果）打六折。愛蜜莉剛畢業於美國烹飪學院（Culinary Institute of America），並在波士頓北方數英里的全食超市查爾斯鎮分店，找到第一份工作。

二十六歲的愛蜜莉，從小就有體重過重的問題。她總是亂吃，而且吃的大多是沒營養的食物。當她決定以廚藝為職業後，體重的問題就變得更嚴重了。她總是在烹飪，試做新菜，滿腦子想的都是食物。她的實際體重超出理想體重至少一百磅。

有誰能抵擋產品打六折的誘惑呢？愛蜜莉心想。她環顧整個超市，想要狂買新鮮蔬果：花椰菜、各色椒類、青花菜、蕃茄和朝鮮薊。她可以做一些健康的餐點，為自己的飲食習慣與體重做點努力，或許開始節食。雖然她已經不記得，節食失敗的經驗到底有多少次了。

店裡那個色彩鮮豔的果汁吧，也非常吸引愛蜜莉。那個不斷運轉的榨汁機，周圍是成堆的紅蘿蔔、羽衣甘藍、西洋芹、小黃瓜和蘋果。果汁吧的同事整天忙著榨果汁，那是店裡最多人光顧的部門之一。愛蜜莉有個朋友曾靠一週的果汁排毒斷食，成功快速減重。或許她可以向果汁部的經理請教果汁斷食的方法。不論如何，她都要狂買一堆蔬果。

全身佈滿刺青的果汁部經理，逢人就大力推薦喝果汁的好處。他回答了愛蜜莉的問題，並提出一個愛蜜莉無法拒絕的提議。「如果你買蔬果回去，」他說，「我就免費送你一台榨汁機。」那天晚上，愛蜜莉扛著一大袋農產品、一台榨汁機，和名為「肥胖、生病與奄奄一息」的教學光碟回家。

然後，她做了一件非常明智（且不尋常）的事：她發電子郵件給家人和朋友，宣告她即將展開六十天的果汁斷食計畫，請大家幫助她。

我就是這樣認識愛蜜莉的。愛蜜莉的一封電子郵件發給了她的叔叔馬克，而馬克是長期與我合作的出版經紀人兼寫作夥伴。他非常熟悉「每日提問」練習。

他自願擔任愛蜜莉的教練，幫助她改變自己。

愛蜜莉的例子是個經典的範例，她不僅正確執行「每日提問」的流程：挑選問題、每天評分、自我監督、堅持到底，而且在可能影響結果的選擇與細節方面，也都做對了。

個人改變檔案

我與客戶會面時，會先在腦海簡單構思「個人改變檔案」，預估這個客戶能有多少進展，以及該把哪些部分留到以後再進行。我會把他們的決心、過去的成功經驗，以及需要多少社會互動與自我控制，列入考量。愛蜜莉的情況涉及四個因素，有些因素對她相當不利：

✓向外尋求協助

這是個很好的決定。當我們將改變的意願公告周知，我們就把可能失敗的風險公諸於世，同時賭上自己的聲譽和自尊。這就像把辛苦賺來的血汗錢拿來下賭注，與朋友之間的口頭賭注，兩者之間的差別。

✓獨自一人進行

減重是一個人的事，與其他人無關。舉例來說，當我們決定要當個更善於傾聽的人，我們需要他人的參與。我們必須維持新行為的一致性，才能讓別人認同：我們聽人說話的情況增加了，自己滔滔不絕的情況減少了。只有別人才能判定，我們是否變成更善於傾聽的人。愛蜜莉的情況恰好相反。她要靠自己減重，並為自己評分，而不是由別人為她評分。如果失敗了，她只辜負了自己的期待。她獨自一人進行這個計畫，意味她的命運完全由自己決定。她必須設法善用獨自一人執行計畫的優點。

✓處於「極度不利」的環境

在全食超市工作對她相當不利。她在上班日必須與成堆食物和誘惑為伍，而且還負責管理起士部門。就像有酒癮的人在釀酒廠工作一樣，愛蜜莉處於一個不利減重的環境。

✓沒有成功經驗支持她

愛蜜莉的情況是我很少接觸的類型。我的企業界客戶擁有各種豐功偉業，以及克服挑戰的成功經驗，而愛蜜莉沒有。她還很年輕，剛開始工作，而且減重失敗了好幾次。

與成功人士相較，她的情況非常不利。對成功人士而言，克服挑戰就像鍛鍊肌肉一樣，越常使用，肌肉就越結實。這樣的經驗可以為他們帶來信心，相信自己在任何情況下都能成功。

二〇〇一年，我初次與穆拉利（Alan Mulally）合作，他當時正主掌波音公司的商用航空事業部。他耐心聽我說明我的方法，然後說：「我懂了，這是個可複製的流程。」

「不過，不只是這樣。」我對他說。

穆拉利笑著說：「波音七七七客機是我一手打造的，我想我辦得到。」

他說得對。成功人士擁有無數成就，可輔助他們迎接新的挑戰。在我所有的客戶中，穆拉利是學習速度最快的人＊。愛蜜莉沒有成功經驗作為擔保。她不僅要養成新的飲食習慣與行為，而且要邊做邊學。

這就是愛蜜莉一開始的「個人改變檔案」。她身處對她不利的工作環境，獨自一人進行難度最高的行為改變計畫，而且沒有支持團體的支援。

但另一方面，「每日提問」，以及她叔叔每天晚上的追蹤電話，會發揮結構性支持與後續追蹤的功效。奇怪的是，這些是大多數的節食書籍與減重課程，付之闕如的東西（這些書和課程告訴你該吃什麼，但沒有告訴你如何堅持到底）。愛蜜莉要遵行的是，成人行為改變的入門原則。

決定要改變什麼

第一步是，決定要改變什麼。愛蜜莉設定了六個目標：

- 嚴格執行果汁斷食
- 每天運動

- 增進葡萄酒的知識（她正在準備侍酒師第二階段的考試）
- 與家人朋友保持聯繫
- 學習新的工作知識
- 為職場外的某個人，做一件好事

毫不令人意外，愛蜜莉的目標與典型的自我提升清單，相去不遠：減重、健身、變得更有條理、學習新東西、戒掉壞習慣、存更多錢、幫助別人、多花點時間與家人相處、到沒去過的地方旅行、戀愛，以及減少壓力。她的目標沒什麼不妥，和別人有相同的目標，並沒什麼不好。

接下來，愛蜜莉要應用主動性問題，聚焦於自己的努力，而非結果。她要用「我是否盡了全力……」，而非「我是否……」的句型，描述目標。她叔叔每天晚上十點鐘會打電話給她，她要在那之前把當天的得分打出來。改變的過程就此展

*基於「成功會帶來成功」的道理，我才敢在沒有任何保證的情況下，擔任企業主管的教練兩年，直到看見成果才收費。由於成功人士達成目標的機率很高，因此情況對我有利。

開。「每日提問」已經就緒，再加上馬克叔叔每天晚上的追蹤，她已經沒有回頭路。附表是愛蜜莉第一到四週的得分。

我已經盡力了？

進行「每日提問」有個意外的好處，它會強迫我們將不熟悉的數據予以量化：我們的努力值。我們很少這麼做。我們總是看輕努力的價值，只有在失敗時，才會用付出的努力來安慰自己。我們會說，「我已經盡力了」，或是「我的努力不輸人」。量化自己的努力值而非成果，只要做個幾天，我們就可以看見，自己從未發現的模式。

舉例來說，愛蜜莉在前十二天，在遵守果汁斷食的項目，給自己十分。這樣的自律在改變計畫剛開始的階段，相當常見，因為人們有三分鐘熱度的習性。計畫與執行相隔的時間越近，我們越容易把計畫放在心上。隨著兩者相隔的時間拉長，以及環境的種種誘惑與干擾開始介入，我們的熱情與自律就會開始遞減。

但是在第二重要的目標，也就是每天運動，愛蜜莉拿了十一個零分和一個兩

愛蜜莉的每日提問

（第一週、第二週）

我是否盡了全力：	1	2	3	4	5	6	7	8	9	10	11	12	13	14
嚴格執行果汁斷食？	10	10	10	10	10	10	10	10	10	10	10	10	10	10
每天運動？	0	0	0	0	0	0	0	2	0	0	0	0	9	9
增進葡萄酒的知識？	2	3	0	0	0	1	4	10	10	8	7	6	9	9
與家人朋友保持聯繫？	8	5	6	4	6	3	3	5	5	3	8	4	8	4
學習新的工作知識？	3	2	2	6	7	10	0	4	9	3	3	10	9	0
為職場外的某個人，做一件好事？	5	10	10	4	4	6	5	6	3	3	7	7	3	10
總分	28	30	28	24	27	30	22	37	37	27	35	37	48	42

（第三週、第四週）

我是否盡了全力：	15	16	17	18	19	20	21	22	23	24	25	26	27	28
嚴格執行果汁斷食？	10	10	10	10	10	10	10	10	10	10	10	10	9	10
每天運動？	8	0	8	8	10	8	8	8	9	10	10	9	10	10
增進葡萄酒的知識？	8	8	7	8	8	8	8	10	10	8	8	10	8	9
與家人朋友保持聯繫？	4	5	3	3	6	4	5	3	4	5	7	7	3	2
學習新的工作知識？	4	4	10	5	0	4	4	7	8	2	2	8	0	0
為職場外的某個人，做一件好事？	6	10	7	6	7	7	8	4	3	3	5	5	5	8
總分	40	37	45	40	41	41	43	42	45	38	42	49	35	39

分（她那天有散步）。叔叔提醒她：如果你兩個星期都忽略這件事，代表它對你不是那麼重要，為何還要把它列為目標？

愛蜜莉說，這番「愛之深，責之切」的話，使她醒悟過來。她意識到，嚴格的減重計畫若沒有運動輔助，是不健康的。於是她隔天就到當地的ＹＭＣＡ加入游泳會員，每天安排一小時去游泳。

你可以在第十三天，看到愛蜜莉在「我是否

盡了全力每天運動？」給自己九分。在第二十四天，她又去報名熱瑜珈的初階課程。在攝氏三十三度的室溫，進行九十分鐘的瑜珈課，讓她差點熱暈。她那天給自己十分，這是她第一次在這個項目拿十分。四星期後，她減去了三十五磅的體重。

接下來的四週沒有太大變化，分數呈現波動起伏。她領悟到一些重要的道理，哪些方法有效，哪些可以拋棄。附圖是她的得分情況。

「果汁斷食」項目的一整排十分，令人佩服。它代表愛蜜莉盡了全力，徹底執行，沒有例外、偏離、作弊的情況，只吃液體食物。不過第四十至四十二天出現狀況，得分急遽下降。但這是刻意的安排。她到緬因州去參加朋友的婚禮，她決定暫停斷食，因為她不想在別人舉起香檳祝酒、吃蛋糕時，當個引人側目、只喝果汁的「那個女生」。這三天的固體食物，讓她感到腸胃非常不舒服，使她迫不及待想恢復果汁斷食，甚至將六十天的計畫延長三天，補回破戒的那三天。

在第三題「增進葡萄酒知識」的得分，我們看見了顯著上升的情況。她即將在第四十九天，到紐約市參加侍酒師考試，因此開始用功唸書。她把所有空閒時間用來準備考試，所以給自己九分與十分。

愛蜜莉的每日提問

（第五週、第六週）

我是否盡了全力：	29	30	31	32	33	34	35	36	37	38	39	40	41	42
嚴格執行果汁斷食？	10	10	10	10	10	10	10	10	10	10	10	2	2	2
每天運動？	8	8	10	9	10	3	3	10	10	10	10	8	8	8
增進葡萄酒的知識？	7	8	9	9	10	9	10	10	10	10	10	5	5	5
與家人朋友保持聯繫？	9	8	8	6	4	5	6	9	0	3	1	10	10	10
學習新的工作知識？	4	5	4	3	7	4	3	0	1	4	7	0	0	0
為職場外的某個人，做一件好事？	6	5	5	5	3	2	6	7	6	5	8	4	4	2
總分	44	44	46	42	44	33	38	46	37	42	46	29	29	27

（第七週、第八週）

我是否盡了全力：	43	44	45	46	47	48	49	50	51	52	53	54	55	56
嚴格執行果汁斷食？	10	10	10	10	10	10	10	10	10	10	10	10	10	10
每天運動？	8	8	8	10	8	6	10	9	10	10	8	4	10	10
增進葡萄酒的知識？	7	8	8	10	7	10	10	10	9	10	2	6	10	10
與家人朋友保持聯繫？	9	5	4	7	5	7	6	3	-	-	-	-	-	-
學習新的工作知識？	4	4	4	6	3	6	6	6	-	-	-	-	-	-
為職場外的某個人，做一件好事？	6	9	9	3	6	3	3	5	-	-	-	-	-	-
總分	44	44	43	46	39	42	45	43	29	30	20	20	30	30

（第九週）

我是否盡了全力：	57	58	59	60	61	62	63
嚴格執行果汁斷食？	10	10	10	10	10	10	10
每天運動？	8	8	10	10	9	10	10
增進葡萄酒的知識？	7	6	4	9	9	7	9
與家人朋友保持聯繫？	-	-	-	-	-	-	-
學習新的工作知識？	-	-	-	-	-	-	-
為職場外的某個人，做一件好事？	-	-	-	-	-	-	-
總分	25	24	24	29	28	27	29

從第五十一天開始，我們在第四題到第六題看到一整排的空白。愛蜜莉認為，她已經不需要評量這些項目了。她可以自然而然做到這些事，因此不需要成為「盡全力」的目標。她把目標減少為三項，但這已經足夠。她並沒有放棄，只是放手而已（我們會在第十三章，談到這個重要的技巧）。

考驗才剛開始

當愛蜜莉完成六十三天的果汁斷食，她的體重減少了五十六磅，而且通過了侍酒師第二階段的考試。她每星期至少有五天會去游泳或上瑜珈課。她完成了一生中，為期最久的行為改變計畫。她很喜歡這樣的自己。

但她的考驗才剛開始。

我們在第八章提到，我們透過創造、保留、接受或去除，改變自己。到目前為止，愛蜜莉只聚焦於去除。經過多年的錯誤飲食，她決定採取極端的斷食法，不吃固體食物，徹底破壞原來的新陳代謝，藉此讓身體重新啟動代謝系統，快速減重。

但人類不能只靠果汁活下去。兩個月後，愛蜜莉知道她必須中止斷食計畫。果汁斷食已經達成了任務。她透過嚴謹的結構，嚴格限制每天的飲食內容。如果你的選項只有一杯用羽衣甘藍、西洋芹與芒果做成的蔬果汁，或是一杯用地瓜、紅蘿蔔、紅椒、甜菜和蘋果榨成的蔬果汁，你幾乎不可能做出令自己後悔的決定。你不會被一盤餅乾配起士、一碗冰淇淋，或是一把杏仁果誘惑，因為你把這些食物排除在生活環境之外。

現在，愛蜜莉不能再快速打一杯果汁果腹，而必須開始建立烹飪與飲食習慣。她進入了行為改變的第二階段，她的任務是創造，而非去除。舊的「每日提問」已不適用。她需要根據新的目標，制定對自己未來有益的計畫。附圖是她的新目標。

愛蜜莉的每日提問

（第十週、第十一週）

我是否盡了全力：	64	65	66	67	68	69	70	71	72
提升體能？	-	-	-	-	-	-			
維持健康的飲食？	-	-	-	-	-	-			
增進葡萄酒的知識？	-	-	-	-	-	-			
獲得精神成長？	-	-	-	-	-	-			
總分	-	-	-	-	-	-			

這樣過了將近一年，愛蜜莉再減去五十五磅，達到理想體重。此外，她還通過了侍酒師第三階段的考試（只剩下難度極高的第四階段考試），而且參加了生平第一次

的五公里路跑。

簡言之，這個故事以快樂結局收場，雖然「收場」的用詞並不恰當。愛蜜莉的故事會不斷進行下去，沒有明確的結束日期。就和我們一樣，她永遠有可能恢復以前的壞習慣。短時間內減去大量體重後再度復胖的例子，多不勝數（三分之二的人在三年內，會回到原來的體重）。我們的環境是個總是嘲笑我們、向我們宣戰的惡棍，它絕不會輕易放過我們。我們必須隨時保持警覺。即使只是保住已得到的進展，也是一種進步。

每日提問的優點

我以愛蜜莉的故事為例，是因為她的目標（體重管理），可以讓絕大多數的人（除了少數的天生瘦子之外）感同身受。減重不涉及其他人，所以比較容易衡量進度。此外，減重是自我監督的最佳範例，因為我們的一天在三餐中度過。我們購買食材準備三餐，或是到餐廳點餐。我們可以控制環境，而不是讓環境控制我們。

這些優點是其他的行為改變所欠缺的。不論我們想改變的是情緒管理這種大問題，還是改掉罵髒話的壞習慣，「每日提問」可創造翻轉現況的驚人效果。它在以下四方面，為我們創造合適的環境，幫助我們成功改變行為：

1——加強決心

「每日提問」就是行為經濟學家所謂的「承諾機制」（commitment device）。這些問題宣告我們想做某件事的意圖，在可能令自己失望或讓眾人看笑話的威脅下，它會強化我們達成目標的決心。愛蜜莉請求家人朋友的協助，就是一種承諾機制；我們晚上睡覺前設定鬧鐘，也是一種承諾機制，它使我們按照承諾準時起床；有些人會在晚餐後刷牙，作為避免吃宵夜的承諾機制，期望自己為了不想刷第二次牙，寧可抑制吃宵夜的渴望。

「髒話罰款罐」（swear jar）是一種常見的承諾機制：每當我們說一次髒話，就要丟錢進那個罐子裡；與朋友打賭，賭自己能準時完成計畫，也是承諾機制：輸錢的風險很可能會驅使我們，努力達成目標（沒錯！）。有些社群網站要求我們簽下改變行為的「合約」，並要求我們提供信用卡資料，若我們失敗，就要罰款（例如，捐款給我們認同的慈善機構，或訴諸恐懼，捐款給我們厭惡的機構）。或是會切斷電腦網路連線八小時的 Freedom 軟體，還有根據我們的減重目標，限制每日熱量攝取量的應用程式 Lost It!。

不論我們的念頭多麼聰明、可笑與千奇百怪，都有相對應的承諾機制可用。即使是營利組織也參一腳。眼鏡製造商瓦比派克（Warby Parker）轉型為B型企業（B corporation），也就是認為促進社會進步，與賺取利潤同等重要。因此，它決定每賣出一副眼鏡，就捐出一副眼鏡給開發中國家。它不能因為一時改變想法或公司營運不佳，就放棄這個使命，否則將可能面臨法律訴訟與損害公司聲譽。這是一種後果很嚴重的承諾機制。

「每日提問」也不是兒戲，它迫使我們明白說出，自己想改變的東西。對許多人來說，列出「每日提問」的目標，可能是他們在人生中，第一次正視自己的缺點，或是認真考慮改變自己，或下定決心自我提升。（你是否還記得，自己第一次做出重大行為改變的那一刻？是什麼原因驅使你這麼做？成果如何？我換個問法吧：長大成人後，你是否曾經真正改變自己的行為？）

2 — 點燃我們需要的動力

一般而言，我們受到兩種動機引導。

內在動機是我們想要做某件事的渴望，因為做這件事會帶給我們快樂。例如，我們閱讀課外讀物，是因為我們對那些書的主題很感興趣；有些人早起跑六英里路，純粹是為了享受消耗體力，大汗淋漓的快感。他們對這個活動有很強的內在動機；有些人會在家花好幾個小時，烤出一個完美的麵包，但其實，他們大可以在麵包店買到這樣的麵包；在星期日早上花時間完成報紙上填字字謎的人，也是如此。享受樂趣、沈浸其中與好奇心，都是內在動機的最好指標。

外在動機會促使我們為了外在獎賞而做某件事，例如獲得讚賞或免於懲罰。在求學階段，我們總是受外在動機的驅使：成績、獎項、獎學金、來自父母的壓力、打造漂亮的履歷、進入名校就讀等等。當我們進入職場後，這些外在驅動力並不會消失，只是換上不同的名稱：薪水、職稱、辦公室大小、肯定、名望、報公帳、頂級信用卡、渡假屋等等，各種激勵我們努力工作、遵守規定的戰利品。

達成目標後，我們往往會發現外在動機開始動搖。我們會質疑，它為何沒有帶來我們想要的意義、使命感與快樂。

「每日提問」幫助我們聚焦於，我們需要協助的地方，而非我們已經做得不錯的事。每個人都有天生擅長的事，不需要外來的激勵，就能做得很好。舉例來說，我最喜歡做的事，就是在眾人面前演講。這是我主要的收入來源，也可以幫我提升著作的銷量。它是我在工作上投注最多心力的活動，不論我是否獲得酬勞，也不論是對六個人的三十分鐘演講，還是對數百人連續進行四段九十分鐘的演講。公開演講絕對不會被我列入「每日提問」中，因為我不需要監督自己的動機。在這方面，我會全力以赴。我熱愛這份工作，而且希望能一直做下去。

當然，我們對於某些事情的動機（不論內在或外在）就不是那麼高了。「每日提問」迫使我們正視、承認這些事實，並寫下目標。若不這麼做，我們永遠不可能改變自己。

3 ─ 突顯自律與自制的區別

我們需要借助自律（self-discipline）與自制（self-control），改變行為。人們通常把這兩個詞混用，但它們的意義其實稍有不同。自律指的是，達到理想的行為；自制指的是，避免做出不理想的行為。

我們一大清早到健身房運動，或做好時間控制，讓每週會議準時結束，或在下班前整理辦公桌，或感謝同事提供的協助，這些都是自律的行為：不斷地重複展現正向行為；另一方面，當我們壓抑自己，不去做自己最想做的事（不論是克制自己不用譏諷他人的方式，展現幽默感，還是婉拒第二份甜點），就是展現自制精神。

大多數人只擅長其中之一，有些人善於表現正向行為，有些人善於克制負面行為。這是人們經常出現自我矛盾情況的原因，例如，有抽煙習慣的嚴格素食者、肌肉鬆垮的健身教練、宣告破產的會計師，或需要找教練諮商的企業主管教練。

我們描述「每日提問」問題的方式，會揭露自己屬於自律或自制類型。例如，「我是否盡了全力，限制糖分的攝取？」，和「我是否盡了全力，拒絕甜食？」這兩者的差別在於，前者屬於自律，後者屬於自制。根據自己的情況，稍微改變措詞，將會產生截然不同的結果。

4 把目標化約為可各個擊破的小單位

「每日提問」最大的特點是，它可以幫助我們對付行為改變的死對頭：沒耐心。不論是平坦的小腹，還是新的個人形象，我們都想馬上看到成果，不想等待。我們發現，今天付出的努力，不知何時才會得到回報，於是失去改變的熱情。我們渴望獲得即刻滿足，沒有耐心長期耕耘。

「每日提問」要求我們只看每天的進度，並因此把我們的目標，以二十四小時為單位，分割成可各個擊破的小單位。

當我們聚焦於自己付出的努力，就不再執著於獲得成果（因為我們衡量的不是成果）。於是，我們開始享受改變的過程，以及自己扮演的角色，一步步實現目標。我們不再因為進度緩慢而感到挫敗，因為我們把焦點放在別的地方。

「每日提問」提醒我們：

● 改變不會在一夕之間發生。
● 成功由每天一點一滴的努力累積而成。
● 付出努力，才會進步；不努力，就不會進步。

拜「每日提問」所賜，當我們努力改變自己，承諾、動機、自律、自制與耐心就會成為我們最有力的盟友。

接下來，我們將探討另一個盟友：教練。

12
Chapter

計畫者、執行者與教練

製成表格的「每日提問」，不具任何魔法。它只是一張整齊乾淨的表格，即將呈現我們是否朝著正確的方向前進。但最重要的部分並非表格，也不是每晚追蹤得分的那通電話。這個溝通模式無法促使我們改變行為。

最重要的部分是，我們要每天向某個人報告自己的分數：透過電話、電子郵件或留言，而這個人就是我們的教練。

對某些人來說，「教練」只是幫忙記錄分數的人。我們每天晚上向他報告自己的得分，但不必忍受任何批判或干涉；對另一些人而言，教練是裁判，他不僅記錄我們的得分，而且會在我們犯規時，吹哨糾正（例如，要求我們解釋，為何一連好幾天的得分都很低）；對其他人而言，教練是個老練的顧問，他會和我們討論，我們做了什麼事，以及為何做這些事。

在最基本的層面，教練是一種追蹤機制。他像個監督者，定期視察我們的狀況（知道有人正在監督，會使我們提高生產力）。

在比較複雜的層面，教練會為我們注入當責態度。「每日提問」的自我評分系統，會要求我們為自己的答案負責。若結果不理想，我們就必須面臨抉擇：究竟要繼續忍受失望，還是要更努力一些？因此，我們每天晚上向「教練」報告自己的得分，就是每天在考驗自己的決心。當我們知道自己要接受考驗，往往會全力以赴，因此，當責心態有利於我們改變自己。

但「教練」不只是罪惡感的代理人。

教練之必要

在最高的層面，教練扮演了斡旋的角色，將我們體內有遠見的計畫者與短視的執行者，連結起來。我們體內的計畫者可能會說：「我要在這個假期讀完《安娜．卡列尼娜》（Anna Karenina）這本書。」但在充滿誘人活動的假期中，是我們體內的執行者，要負責找個安靜的角落，讀完這本托爾斯泰（Tolstoy）的鉅著。教練會提醒我們，做完計畫後，我們就會變成一個不可靠的人。教練也會提醒我們體內意志不堅的執行者，該去做什麼事。這個簡單的互動關係如附圖所示。

大多數人對這個互動關係很熟悉。如果我們想健身，會去找健身教練（一種常見的「教練」），預約星期二早上十點半要運動。到了星期二早上，我們開始動搖。有個朋友需要我們開車送他去機場；我們前一晚熬了夜，精神不濟；我們踢傷了腳趾頭；我們的運動鞋帶斷在多功能健身器上。藉口多得不得了，有些還算合理，但大部分很遜。野心勃勃的計畫者，此時變成了心不甘情不願的執行者。

但健身教練的存在改變了一切。我們必須準時到健身房報到，因為教練在等著我們。或許他必須大老遠趕來；或許他為了我們，調整了其他人的時段。我們有責任赴約，這是做人的基本道理。另外，這件事還涉及金錢：不論我們是否到健身房報到，我們都已經付了錢。此外，第一次預約就取消，有損顏面。這意味還沒開戰，我們就認輸了。

因為健身教練的存在，羞恥心、罪惡感、成本、責任，與做人的基本道理等因素，就會開始影響我們。這就是執行計畫的方法。教練把計畫者與執行者融合在一起。這就是改變計畫能成功的原因：不論事情是大是小，我們會綜合考量，做出抉擇，讓意圖與執行相互結合。

在大多數的情況，我們基於直覺明白這個道理。在運動方面，我們需要教練，因為我們需要專家糾正我們的技巧，督促我們更加努力，提醒我們在激烈競爭的比賽中，保持風度。

在企業中也是如此。優秀的領導人相當於我們最喜歡的高中球隊教練：教導、支持、啟發我們，偶爾灌輸一些有益的偏執想法，驅使我們向前進。

不知道自己需要改變

在職場的層級架構裡，我們有主管，也有改進自己的明確動機。但在職場之外，我們並不是那麼喜歡有人緊盯著我們。在私人生活領域，即使混亂的環境會觸發不理想的行為，我們不一定歡迎教練的介入。

其中一個原因是，我們希望保有隱私。我們不想把某些部分的自己，公諸於世。坦承自己需要減重或運動，其實是一種榮譽勳章，它證明了我們的坦率，與自我提升的企圖心。但對別人承認自己不是個好伴侶或父母（也就是承認自己的為人處世方式有問題），而且要每天面對這個缺陷，又是另一回事了。對於自己的某些不足之處，我們寧可只有自己知道，而不願公諸於世。

另一個原因是，我們不知道自己需要改變。我們處於否認心態，說服自己相信，需要幫助的人是別人，不是自己。二〇〇五年，美國西岸某大型設備製造商的執行長，打電話請我與他的營運長兼接班人合作。這位執行長有明確的接班時間表。「我的接班人是個好人，」他說，「但他還需要三年的磨練。三年後，我準備好要退休，然後讓他接班，一切順利圓滿。」

每當有人要我幫他證明，他做出的結論是正確的，我總會變得更加警覺。果不其然，情況有點不對勁。當我與營運長的同事完成三百六十度面談後，我發現所有人一致認為，接班人「已經準備好了」。問題出在執行長。我不需要深入探詢，幾乎每個受訪者都說，執行長太過戀棧，如果他能早點離開，對公司比較好。

最後一個原因是，成功人士慣有的強烈自信心：我們覺得，靠自己一個人的力量就夠了。當然，很多時候的確如此。但拒絕別人的幫助，到底有什麼好處？這是一種不必要的虛榮心，而且代表我們沒有看出，改變是如此困難。

我這麼說，是因為我一輩子做的事，就是幫助別人改變行為。我演講、寫書、擔任教練，都是為了達到這個目的。但我仍然需要付錢給凱特，請她每天晚上打電話給我，追蹤我的表現！這並非代表我言行不一（就像有些廚師不吃自己做的菜一樣），而是代表我願意公開承認自己的軟弱。我們每個人都很軟弱。若不盡力取得所有的協助，改變的過程將會困難重重。

令人意外的是，「每日提問」與教練，雖然對於達成減重、健身、變得更有條理等新年新希望，非常有效，但它對改善人際關係，卻更好用，而且可為每個人量身打造。這些目標包括：對別人好一點、對別人表示感謝、更關心別人、更有覺察力等等。它會讓別人覺得，認識我們是件好事、而非壞事。我敢這麼說是因為，這是客戶找我的原因。他們並不是找我幫助他們，在制訂策略與計畫、編列預算、協調、公開演說、提案等方面，增進能力。我幫助他們在重要的人際互動上（例如，家人、朋友、同事、顧客），展現更理想的行為。

不久前，我有個機會與葛里芬合作，他的毛病是，喜歡為工作加入太多價值*。如果部屬提出某個點子，他的反應不是說「做得好」，而是忍不住要修改這個點子。有時候，他的修改確實有幫助；但有時卻是幫倒忙。最大的問題在於，他可能將這個點子的內容提升了一〇％，卻搶走了五〇％的員工擁有權感（ownership）；他扼殺了討論的空間與創造力的發揮，而且把人才嚇跑。

葛里芬的學習能力很強，在「每日提問」的「不加入價值」項目，很快就達到十分。反倒是他的部屬，花了一年的時間才趕上，並接受他的改變，並且在向他提出新點子時，不再感到焦慮。不論如何，葛里芬的行為改進了，而我也順利收到酬勞。

冰塊聲的挑戰

我和葛里芬的合作如此愉快順利，我們很快就變成朋友。於是，我自願擔任他的教練，幫助他改掉其他的壞習慣。（和大多數人一樣，我對有效的方法會非常熱衷。）

「找個發生在家裡的問題，」我說，「看看你能不能改進。」

葛里芬對自己選的目標有點不好意思，他把它稱為「冰塊的鏗鏗聲問題」。與飲料有關的某些聲音，會令他抓狂：某人狂灌一瓶水，喉嚨發出的咕嚕咕嚕聲；汽水倒入放了冰塊的杯子時，發出的嘶嘶聲；攪動有冰塊的飲料時，冰塊撞擊玻璃杯發出的鏗鏗聲。其他的聲響完全不會令他困擾，不論是狗吠聲、嬰兒的哭鬧聲，還是指甲劃過黑板的聲音。「就連喬許・葛洛班（Josh Groban）的歌聲，我都可以接受。」他說。

「這有什麼問題？」我問他。「遮住耳朵，離開現場，不就好了。」

他最近開始覺得有問題，是因為他老婆喝的飲料，從礦泉水改為加了冰塊的

---

*我在二〇〇七年出版的著作《UP學》（What Got You Here Won't Get You There）中，提到我們在職場需要改掉的二十個習慣，除了「為工作加入太多價值」，還有「永遠要贏人」、「盛怒下發言」、「遷怒傳話人」，與「讓所有人知道我有多聰明」。

健怡可樂。她會攪動杯子裡的冰塊，喝一小口，然後再攪動一下冰塊，而這個聲響讓葛里芬非常抓狂。他和老婆每天一起喝杯飲料的目的，是為了創造一個放鬆的環境，聊聊心裡的話。但突然間，這個每晚的例行活動，開始使葛里芬緊張焦慮，其壓力不亞於請牙醫來家裡進行根管治療。

有一天晚上，葛里芬再也忍不住，他對老婆大吼：「你可以不要再攪冰塊了嗎！」

他老婆看著他，並說：「真的嗎？」但她的表情彷彿在說，你是個白痴。葛里芬心知肚明，老婆一點錯也沒有。他沒有權利要求她改變行為，該改變的人是他自己。承認問題的存在，代表他已經跨出了好的第一步。

第二步是，把這段夜晚相處時光，視為自己創造出來的不利環境，並且在他的「每日提問」加上一條：「我是否盡了全力，享受與老婆相處的時光？」如果問題是自己製造的，他就有辦法解決。

葛里芬採用一到十分的量表，他的目標是，讓每天的努力達到十分。他試著控制自己的不舒服、忽視那些聲響、假裝很愉快。他盡一切努力，不引起老婆的不快。他要練習當個好丈夫，這點對葛里芬很重要。

第一天試著忍受鏗鏗聲時，他對我說：「我緊緊握住手裡的玻璃杯，差點沒把杯子捏碎。但我沒有抱怨，沒有顯露我內心的痛苦。」

那天晚上，他把自己的得分以電子郵件寄送給我。他給了自己滿分，因為他盡了全力。遵行這個策略兩週後，他的不適症狀開始減退。不是一下子完全消失，而是逐漸減少，就像有人把音量旋鈕，每天調低一格一樣。一個月後，這個問題完全消失了，就像他除掉了某個壞習慣一樣。他成功制約自己，對冰塊的撞擊聲產生不同的反應。冰塊的鏗鏗聲不再使他心煩或抓狂，而是引發無所謂的反應。他已經完全不以為意了。葛里芬無法改變環境，於是他改變自己對環境的反應。

每日提問的三大優點

葛里芬是我最成功的教練案例之一。就像有天份的運動員能順應教練的指示，把壞習慣改為好習慣，葛里芬相信「每日提問」的效果，並每天進行自我檢視。他掌握了這個方法的要訣，並且改變了自己。我提到葛里芬的例子，是因為它突顯出「每日提問」的三大優點：

1｜只要照做，就會進步

這是「每日提問」的神奇效果之一。如果我們以正確的方式持續進行（為自己的努力值打分數會有多難？），一定會進步。人生中掛保證的東西並不多，但這是其中之一。客戶只要聽我的話照做，就一定會進步；如果什麼也不做，就不會有任何改變。

2｜我們會加快進步的速度

葛里芬只花了一個月，就解決了「冰塊的鏗鏗聲問題」。他因為工作的關係，接受過十八個月的教練後，不僅改善了行為，同時提升了改變自己的效率。

我們都知道，在肢體動作方面，只要多加練習，靈巧度一定會提升，從煎蛋捲到進行外科手術都是。越常正確地重複進行某個動作，我們就能做得越好。就像經過多年訓練的舞者，可以靠肢體記憶，記住跳過一次的複雜舞步，而不需要多次嘗試。

對於抽象模糊的情緒，我們不敢有這樣的期待，因為情緒不是一種技術，而且會受他人的反應與環境的變化影響。但並非不可能發生。我曾在許多一對一客戶身上，看見這樣的例子。就像葛里芬一樣，一旦他們掌握了改變行為的訣竅，就能順利改變其他行為，而且過程比第一次嘗試時，更加快速順暢。

3 — 我們最後會成為自己的教練

這是最驚人的收穫：我們最後會成為自己的教練。我確信這個事實，是因為我所有成功改變行為的客戶，在教練結束後仍持續不斷進步。

教練能將我們體內有遠見的計畫者，與短視的執行者連結起來，是因為他很客觀，不會被環境影響。他會發揮提醒作用，使我們想起自己的初衷，同時令我們記起，自己曾經展現理想行為的時刻，藉此幫助我們重拾意志力，再次努力。這就是教練的功能。經過長期被教練多次提醒後，我們會得到教訓。當我們發現自己即將偏離計畫，就會及時踩剎車。我們心想：「這個情況我遇過，我知道怎樣做會成功，怎樣做會失敗。」經歷多次失敗後，我們會開始做出比較好的決定。（這並不令人意外。如果我們始終學不乖，在類似情況下犯了一百次相同的錯誤，仍無法學會正確的行為，才是比較奇怪的事。）

這是因為我們體內的教練，將計畫者與執行者合而為一。我們不需要外人提醒，不良行為的危險地帶何在，或督促我們不要越界，甚至不需要每天晚上為自己打分數。我們可以靠自己的力量辦到。

我們體內的教練以多種形式存在。它可能是一種內在的聲音，類似良心，在我們耳邊低語，使我們想起，自己曾經做對決定的時刻；也可能是一首歌的歌詞、一個護身符、一個有意義的座右銘、一張小卡片上的提醒，與我們生命中很重要的某個人有關的記憶，任何可觸發理想行為的任何事物。

它也可能是一張照片。左頁這張照片就是我的教練之一。

它是我家書房中，唯一放在相框裡的照片。它拍攝於一九八四年非洲的馬利（Mali），由隨行的報社攝影師拍下。當時我剛展開教練事業，與美國紅十字會執行長舒伯特（Richard Schubert），一同到非洲參與志工活動。

撒哈拉以南非洲當時正經歷旱災。數十萬人因饑荒而受苦。舒伯特請我與另外八位美國人一同前往馬利，了解當地狀況。ＮＢＣ新聞頻道也配合播出了一週的相關報導。

照片中，三十五歲的我半跪在同行的紅十字會夥伴旁，背後是撒哈拉沙漠。我們身後有一群二至十六歲的孩子在排隊。

馬利獲得的食物補給非常有限，因此紅十字會必須先篩檢，哪些人可獲得食物。他們根據一個令人鼻酸的假設：兩歲以下的孩子幾乎捱不過去；十六歲以上的孩子可以靠自己的力量活下去。因此，只把補給食物分配給二至十六歲的孩子。

照片中那位紅十字會的女士，正在用捲尺量孩子的臂圍，決定誰有得吃，誰沒得吃。若臂圍太大，代表他們「還不夠餓」，所以得不到食物；若臂圍太小，代表他們救不活，也得不到食物；只有臂圍在某個範圍內的孩子，才能得到少量食物。

只有具有反社會人格的人，才會對這個悲慘的景況不為所動。不論這個經歷多麼震撼，一旦我回到「正常」生活後，它的震撼力很可能會逐漸降低。不過，我有這張照片隨時提醒我。

這張照片會觸發我的感恩之心，彷彿一九八四年的我，正在提醒現在的我這些道理：

對你擁有的事物心懷感恩。不論面對什麼樣的失落或所謂的苦難，絕不要發牢騷或抱怨，不要發怒，不要因為自以為了不起，而遷怒別人。你和這些非洲的孩子沒有兩樣。這些無辜的孩子，必須面臨可怕的遭遇與悲慘的命運，若時空轉換，你可能和他們一樣。絕對不要忘了這一天。

我這輩子從來不曾忘了這一刻。我幾乎每天會想起這張照片，因為生活中充滿了各種「所謂的苦難」。舉例來說，你是否曾在機場看過，旅客對班機延遲起飛的廣播的反應？班機延誤是我們常遇到的負面觸發物。人們會變得焦躁不安，破口大罵，或暗自生氣，而且通常把氣出在無辜的航空公司員工身上。

我曾是這樣的人，雖不至於上演一場鬧劇，但少不了要自憐一番。我不喜歡這種感覺，因為在目睹馬利孩童的命運後，我知道自己沒有自憐的權利。我把自憐的感覺與那張照片連結在一起。多年來，每當我聽見班機延遲起飛的廣播，我就會想起那張照片，並在心中複誦：「絕對不要因為班機延誤而心生怨氣。這世上有許多人，必須面對你無法想像的困境。你已經很幸運了。」

對我來說，那張照片是負面環境中的正向觸發物。

13
Chapter

AIWATT

每件事都有一個首要原則，這個原則可幫助我們，提高做這件事的成功機率。

- 對木匠來說，這個原則是：丈量兩次，裁切一次。
- 對航海者來說，這個原則是：判斷風從哪個方向來。
- 對選購服飾的女性來說，這個原則是：買一件黑色小洋裝。

對於如何成為想要成為的自己，我有個首要原則。只要遵守這個原則，你就可以大幅減少每天面對的壓力、衝突、不愉快的爭論，與時間的浪費。它是一個問句，每當你為了應該選擇投入或「放手」而心煩時，你應該問問自己：

這次
我是否願意
針對這個主題
投注必要的心力
做出建設性的貢獻？

Am I willing,
at this time,
to make the investment required
to make a positive difference
on this topic?

這個問句每天會在我的腦海浮現許多次，我用前六個英文字的字首，組成代號AIWATT（和say what發音押韻）。就像行醫的原則：「首要之務是，不可造成傷害。」這個原則不要求你做任何事，只要求你不要做蠢事。

這個原則融合了影響我至深的兩個觀念：一個觀念源自佛教智慧；另一個常識來自已故的杜拉克。

它是艘無人空船

有個佛教寓言故事是這麼說的：

有個年輕的農夫，坐在船裡奮力划槳，逆流而上。他要把自己種的作物，運送到上游的村莊。那天的天氣很熱，他想早點送完貨，在天黑前回到家。他向前方望去，看見一艘小船正朝著自己快速衝來。他努力想靠邊一點，躲開那艘船，但力不從心。

他向對方大喊：「改道！你要撞到我了！」但毫無作用，結果碰的一聲，那艘船大力撞上了他的船。他大吼：「你這個笨蛋！這條河這麼寬，你怎麼還撞上我？」當他怒氣沖沖地掃視那艘船，想看看是誰造成了這場意外，結果發

現，船裡一個人也沒有。那艘船因為繩索斷裂，脫離碼頭，於是一路順流而下。而他一直對著一艘無人空船大吼。

當我們認為情況是某些人造成的，就會表現出某種行為。我們會把自己的不順遂，歸咎於那個愚蠢、不管別人死活的人。這種怪罪心態使我們覺得自己有權利生氣，採取某些行動，責怪他人，以及成為受害者。

若我們發現撞上自己的是艘無人空船，我們會變得比較冷靜。沒有對象，就無法生氣。我們只好接受現實，認為自己的不幸遭遇，是命運的安排或運氣不好所致。甚至對於那艘無人船竟能在寬廣的河域撞上自己，覺得這樣的機遇荒謬而好笑。

我們要記住的教訓是：另一艘船裡，從來就沒有人。我們發怒的對象，其實是一艘空船。空船不會以我們為目標；同樣的，我們在生活中聽見的種種刺耳話語，其實並非針對我們。

● 在會議中總是打斷你發言的同事。他覺得自己比所有人聰明，不只是你。那是艘空船。

●上班途中，不斷在你後方逼車的那位駕駛。他每天對所有人都這麼做，這是他的習性。那是艘空船。

●當你提出小型創業貸款，銀行職員因為申請書上的錯字而否決你的申請。他針對的是那份申請表，不是你。那是艘空船。

●你為了今天的晚餐聚會到超市買鯷魚罐頭，結果結帳員工忘了把它放進購物袋，使得你必須折回超市，拿那個你已經付錢的罐頭。那位員工整天忙著結帳，把商品放進購物袋。一個小罐頭很容易漏掉，她並非故意的，更不是針對你。那是艘空船。

上領導力課程時，我喜歡用一個簡單的例子，說明這個道理。我會從學員中隨機挑一個人，請他在腦海中想著令他覺得厭惡、憤怒或抓狂的某個人。我問他：「你是否想到了這樣一個人？」

對方點點頭，露出嫌惡的表情，然後說：「是。」

「那個人今晚會為了你睡不著覺嗎？」我問。

「不會。」

「那麼到底是誰在懲罰誰？」我問。

答案顯然是：「是我在懲罰我自己。」

在練習的最後，我提醒大家，怪罪別人做了他們出於本性而做的事，就像責怪一張椅子為何要成為一張椅子，一樣不合理。椅子別無選擇，只能當一張椅子；就像我們遇到的大多數人一樣，他們別無選擇，只能做自己。若某人令你抓狂，你不必喜歡、認同或尊敬他，只要接受事實，知道他就是這樣的人，這樣就好了。

電影「教父」（Godfather）裡的教父柯里昂（Don Corleone），私底下必定是佛教徒，因為他曾說：「這不是針對你，純粹是公事公辦。」他很清楚，令我們失望或與我們意見不同的人，他們是基於自己的利益，而不是為了帶給我們痛苦，而與我們作對；同樣的，那些惹惱或激怒我們的人，也是如此。他們這麼做，是基於自己的本性，而不是針對我們。

建設性的貢獻

這個常識是杜拉克提出來的：「我們此生的任務，應該是做出建設性的貢獻，而非證明自己有多聰明，或自己永遠是對的。」這個道理顯而易見。若可以從這兩者選擇其一，誰不會選擇做出「建設性的貢獻」？

但杜拉克突顯出我們難以同時兼顧的兩個觀念。當我們有機會展現自己有多聰明，通常就不會顧慮他人，而說出「偽裝肯定」（false positive）的話語，也就是說一些話來提升自己的地位，貶損他人。這種偽裝肯定以多種形式呈現：

- **賣弄學問。**部屬做簡報時，犯了個文法錯誤，該用被動格，卻用了主動格，於是你當場糾正他。這個舉動或許很聰明（若你們的目標是追求文法正確性），但對全場的氣氛或這位部屬的感受，往往有害無益。
- **「我早就告訴你。」**你和老婆打算去看八點開演的百老匯表演。你告訴老婆，你們最慢必須在開演前六十分鐘出門。結果，她耽誤了時間，導致你們遲到，錯過了第一場戲。你開始發脾氣，怪罪老婆把這個晚上毀了，並對她說，你早就提醒她要六十分鐘前出門。當然，你說的全都對。然後你繼續碎碎唸，直到她也興致全無，兩人互相扯平。

● **道德優越感**。當你告訴親朋好友不該再抽煙、不該再喝一瓶啤酒，或是走另一條路，會比較快回到家，就是在展現道德優越感。對方可曾因為你這些所謂的好意，而真心感謝你？

● **抱怨**。對主管、同事、勁敵與顧客的抱怨。（一般美國人每個月花十五小時，抱怨自己的主管有多糟。）抱怨代表你不認同別人的決定、計畫，或所做的事。換句話說，你成了一個難搞的人，同時暗示對方，你會做得比他好。這麼做一點建設性也沒有，尤其當你在別人背後，而非當著他的面抱怨。

這些都是適得其反的行為。當著眾人的面糾正某人的小失誤，不叫作指導；對別人說「我早就告訴你」，無法療癒已經造成的傷痛；叫別人向你看齊，無法改掉別人的壞習慣；向別人抱怨自己的主管有多糟，無法使你的主管改進。

我只是舉出四個常見的例子。事實上，我們整天都在做這樣的事。從早上起床後到晚上睡覺前，每當我們接觸其他人，就面臨選擇：要採取助人、傷人，還是中立的態度。若不多加留意，我們往往會選擇傷人的態度，主要是因為我們想證明，自己比對方更聰明、更優秀、更正確。

我把「空船」的故事和杜拉克的建議，視為互補的觀念。佛教故事要我們向內檢視，提醒我們與他人相處時，保持理性；杜拉克的建言要我們向外覺察，提醒我們做有建設性的事。

當我們口不擇言或貶損他人，也就是沒有對某個情況做出建設性的貢獻，其實我們並沒有意識到，自己造成了反效果。我們也無意用言語傷人，我們只是有話直說，然後認為：「都是環境害的！」但這和環境一點關係也沒有。我們只想著要提升自己的地位。我們所做的只是，對著一艘空船證明自己有多聰明！

爭取緩衝時間

在受到刺激與做出反應之間，在觸發物引發衝動，與做出可能令自己後悔莫及的行為之間，我們應該善用 AIWATT 這個延遲機制。受到環境觸發後，在做出自負、譏諷、批判、好辯與自私的反應前，AIWATT 可為我們爭取到一瞬間的緩衝時間。我們可利用這緩衝時間，找出更有建設性的反應方式。AIWATT的深刻意涵，值得我們仔細探究：

「這次」提醒我們，我們活在當下。情況隨時在改變，並引發不同的反應。我們唯一要面對的，只有現在。

「我是否願意」意味我們動用了意志力，決定要負起責任，而非任憑惰性推著我們前進，過著毫無覺知的一天。我們要問自己：「我真的想做這件事嗎？」

「針對這個主題」聚焦於眼前的議題。我們無法解決每個問題。我們的時間有限，若花時間在無法做出建設性貢獻的事，就沒有時間處理可以做出建設性貢獻的事。

「投注必要的心力」提醒我們，對他人做出回應是耗神費力的事，需要耗費時間、精力與時機。就和任何方面的投資一樣，我們擁有的資源有限。我們要問自己：「把時間花在這件事上，是最明智的決定嗎？」

「做出建設性的貢獻」突顯的是，我們善良、溫柔的本性。它提醒我們，我們可盡一己之力，創造更理想的自己，或更美好的世界。若我們所做的事，無法達到這樣的目的，為何要投注心力在上面？

運用AIWATT的時機，不限於抉擇的時刻：決定是否要以溫柔的心對待別人（雖然我認為，以溫柔的心對待別人極為重要）。在看似微不足道的時刻，AIWATT可能為我們的形象與人際關係定生死。例如：

1 — 當我們誤把坦率當作誠實

在無關緊要的情況下，我們可能會選擇隱藏自己真正的看法，並壓抑不必要的坦率。例如，當母親問我們，她的新髮型好不好看，不論心裡怎麼想，我們都會說好看。說實在的，誰會為了髮型這樣的小事，傷媽媽的心？我們整天都在做這樣的事：用無傷大雅的隱瞞，使我們所愛的人免於不必要的小傷害。

但是當保護自己的需求，與保護他人的善意相衝突時，我們往往選擇前者。在這種情況下，我們以誠實為策略，是把它當成武器，而不是為了做出建設性的貢獻。醫師經常需要面對這個兩難情況：對於罹患癌症的病患，究竟要告知實情（避免造成錯誤的期盼），還是避重就輕（激發病患的樂觀心態）？至少，醫師之間仍會對於該向病患揭露多少實情，進行辯論。而我們在現實生活中不會如此。

假如你曾與男女朋友，以不愉快的方式分手，並後悔自己當時說出魯莽、傷人的話語，你就會明白，誠實與坦率之間的差別。誠實是告訴對方足夠的事實，消除他滿腹的疑惑；太過坦率則代表你另有企圖，通常是令對方感到痛苦與羞愧。

在職場也是如此。解雇員工時，我們可以用不帶批判的措詞，例如，「我很遺憾我們的合作行不通」，或是細數對方所有的缺點，把他說成一無是處的人，越過誠實的界線，成為過度坦率。其中的差別就相當於，與實力比自己弱很多的球隊比賽時，究竟要勝過對方就好，還是要窮追猛打，形成懸殊比數。我們被比賽的狂熱氣氛沖昏了頭，只想到要勝過對方，展現自己的優越實力，而忘了顧慮對手的感受。

誠實與坦率之間的抉擇，並非複雜難解的問題，它只是單一面向的選擇。以生日驚喜派對為例，若另一半為你舉辦驚喜派對，但有個朋友不小心向你走漏了這個消息，你會怎麼處理？當你進到家門後，你會：一、誠實以對，告訴大家你早就知情；二、坦白以對，怪罪走漏消息的朋友，使派對不再有驚喜；或是三、假裝又驚又喜？若你不是立刻選擇三，而是在一與二之間左右為難，表示你在這方面還有進步的空間。

2 ─ 當我們有自己的看法

當新聞記者李伯齡（A. J. Liebling）在一九六〇年寫下：「新聞自由只存在於握有新聞自由的人手中。」他尚未預見，當社交媒體時代來臨，任何一個擁有智慧型手機的人，都可以當起評論家，在任何時間，針對任何主題，以任何長度「發表」自己的意見。對二十一世紀的人來說，這種自由是福也是禍。它擴大了辯論空間，縮短了權力差距，但也浪費了許多人的許多時間。

我舉個例子。我的朋友賴瑞在亞馬遜網站上，為某本書張貼了一篇一顆星（最低評等）的書評。他頗引以為傲，並要求我一定要拜讀。這篇書評的見解精闢而犀利，直言買這本書根本是浪費錢。此外，賴瑞長篇大論地細數這本書的問題，並詳細列出引言與頁數。他顯然花了好幾個小時寫這篇文章。這篇書評引發了二十多個評論，賴瑞一天要查看好幾次，看看有沒有人張貼新的意見。簡言之，賴瑞為這篇可能只有兩百人閱讀的書評，花了一整個工作天。

「為什麼這麼大費周章？」我很好奇。

「因為作者是在騙錢。」他說。

「你需要讓全世界知道，你擁有一眼識破的聰明才智？」

「這只是一部分的原因。」他說。

「不然還有什麼原因？」我問。

「這本書牴觸了我的道德標準，讓我很火大。」他說。

「你不能放它一馬，把時間拿來做更有建設性的事嗎？」

「我非這麼做不可，而且我做得很開心。」他說，「如果不做這件事，我會很痛苦。」

最後這句話解除了我的疑惑。賴瑞已經做過得失評估，並認為花時間寫這篇書評是值得的。他警告其他讀者避開地雷，這是建設性的貢獻。他並非無的放矢，對他來說，他做了一件好事，而且因此很開心。

若所有網友在向媒體投書、寫個人部落格、在臉書與推特貼文、做產品評論時，頭腦都能如此冷靜清楚，該有多好。我並不是認為，網路社群的意見沒有價值。我比較關心的是，大家花費大量時間在上面，卻從來不質疑這麼做是否有價值。

在網路發表意見，只要不落入偏執與人身攻擊，頂多只是浪費時間，不致於損害人際關係。因為我們大部分的時間是和陌生人「辯論」，我們不認識這些人，也不會遇見這些人，所以沒什麼好擔憂的。比較大的問題在於，若我們把這種攻擊性言論帶入職場或社交場合，向我們認識的人發表這些意見，將會導致……。

3 當我們認定的事實與他人的信念相衝突

確認偏誤（confirmation bias）是個已確立的心理學概念，指的是，人們傾向接受與自己的意見一致的資訊，不論這資訊是否正確。它會影響我們（選擇性地）搜集資訊，（以偏見）解讀訊息，並影響我們的記憶（使記憶變得不可靠）。它會以多種形式現身，例如，我們偏好與自己的既有態度一致的資訊來源，或是扭曲模糊或不利的事實，以支持自己的信念。這些傾向我們全都有份。當父母看見孩子很早就學會控制大小便，就認定這個孩子是天才，這是一種確認偏誤；同樣的，領導人否決眾人的異議，做出有瑕疵的決策，也是一種確認偏誤。

我們無法消除確認偏誤，不論是他人的，還是我們自己的。但我們應該避免為害較巨的確認偏誤。在諸多無意義的爭論中，最糟的一種是事實與信念的衝突，這種衝突絕對不會有好結果。不論爭論主題是氣候變遷，還是獨角獸的壽命長度，當你引用可論證的事實，與他人的信念相爭，就會發生研究人員所謂的「逆火效應」（the backfire effect）。你所舉證的事實資料，不但無法說服對方，反而使對方更加堅定自己的信念與立場。最後使你們的立場更加兩極化。

假如你曾參與或旁觀，極度自由派與極度保守派人士，針對爭議性議題進行爭論，你就知道，要任何一方改變既有立場，認同對方的看法，或是告訴對方：「你說得對，我錯了，謝謝你。」簡直比登天還難。

這樣的行為一點道理也沒有。最好的情況是，你花了很多時間想改變對方的看法，但徒勞無功；最壞的情況是，你為自己樹立一個敵人，損害了你與對方的關係，並且讓別人對你產生難相處、好爭辯的印象。

4 — 當別人的決定不如我們的意

杜拉克還有另一句話，改變了我的一生。我把這句話送給我所有的教練對象，對有些人甚至是一再提醒：「世上的每個決定，都是由有決定權的人做出的。接受這個事實吧！」

這句話的道理非常顯而易見，而且幾乎是廢話：有決定權的人，可以做出決定。但這句話提醒我們「權力」的概念：只有做決定的人有這個權力，其他的人沒有。有時候，決策者的選擇合理且明智；而有時候，則不理性、心胸狹窄，而且愚蠢。不論如何，他們都是做決定的人，這是不爭的事實。但很少人能坦然接受這個事實。

不論是小學生抱怨老師打的分數不公平，青少年對父母的禁足令感到氣憤，告白者被暗戀對象拒絕，還是跋扈的執行長對董事會的決議充耳不聞，我們在一生中，總是抱怨事情應該如何如何，而不願意接受現實。在這種錯覺的蒙蔽下，我們硬是賦予自己名不正、言不順的管轄權與優越感。我們想像，如果我們有權力做所有的決定，這個世界會變得多麼美好。但事實上，我們沒有這個權力。

若你習慣性不贊同別人做的決定，你可以利用 AIWATT 進行最簡單的成本效益分析，問問自己：這件事值得你與別人爭論嗎？若答案是否定的，那麼就放下這件事，把力氣花在你能做出建設性貢獻的地方吧！

若答案是肯定的，那麼就全力以赴。舉例來說，我花了許多時間，協助世界銀行總裁金墉（Jim Yong Kim）博士解決全球赤貧問題。我並不是天真無知。我知道自己這輩子不會看到成果，但我願意為這個使命投注必要的努力。冒險下大賭注，為自己的信念奮戰，帶給我極大的滿足，甚至是樂趣。人生是自己的，一切由你決定，沒有任何人能為你做決定。AIWATT 可幫助你坦然接受後果。

5—當我們為自己的決定感到後悔

有一次，我搭飛機從歐洲飛回美國，身旁的乘客是一位住在瑞士的個人投資者。當我們聊起「你從事哪個行業？」的客套話題時，他提到自己買了一家小公司，而他對掌管這家公司的領導人非常失望，這家公司一直在賠錢。他很後悔做了這筆交易，覺得自己上當了。

「你覺得怨恨與後悔，有多久了？」我問他。（這種時候，我常覺得自己是個垃圾桶，不過我並不介意。）

「兩年。」他說。

「你氣的是什麼？」我問他。「人家把公司賣給你，還是你買了這家公司？」

他聽了之後大笑，並說「言之有理」。我不需要多說其他的話。

當我們為自己的決定感到後悔，而且沒有採取任何補救行動，我們就和抱怨主管的員工沒有兩樣。我們對著一艘空船大吼，只不過，那艘是我們自己的船。

AIWATT不是萬靈丹，它無法解決所有人際關係的問題。但它有個很大的作用：它提醒我們，每天的生活中有各種因素，誘使我們與他人進行無意義的爭論。而因應之道就是，置之不理。

就像當我們把辦公室的門關上，別人要敲門前，總會遲疑一下。當我們自問：「這次，我是否願意針對這個主題，投注必要的心力，做出建設性的貢獻？」我們就得到了一點喘息的空間，做一次深呼吸，在做出反應或不予理會前，思考一下眼前的狀況。如此一來，我們就能擋掉所有的雜音，以自由的心境，著手進行真正值得改變的事。

第三部

結構的力量

14
Chapter

沒有**結構**，就無法**進步**

在所有客戶中，進步最神速、與我合作時間最短的人，是穆拉利。他是個非常棒的領導人。

我在二〇〇一年認識了穆拉利，他當時是波音公司商用航空事業部總裁。後來，他在二〇〇六年轉任福特汽車公司（Ford Motor）執行長。當他於二〇一四年從福特退休時，《財星》雜誌封他為全球最偉大的領導人第三名，僅次於教宗方濟各（Pope Francis），與德國總理梅克爾（Angela Merkel）。現在，我和穆拉利一起合作，幫助非營利組織與大型企業，培養優秀的領導團隊。

我從穆拉利身上學到的東西，比他從我這裡學到的還要多。主要原因是，我有機會觀察他把我們討論的觀念，廣泛運用在企業界。在穆拉利的心目中，結構是扭轉企業與員工的最佳利器。

我認為，他發展出的「營運計畫檢討」（Business

Plan Review，BPR）流程，是把組織結構運用得最有成效的流程。從多年來的教練與研究，我得出一個非常重要的通用法則：沒有結構，就無法進步。

穆拉利不僅相信結構的價值，而且徹底身體力行。他一加入福特，立刻規定十六位最高主管，每週四上午要一起開例行會議，名為「營運計畫檢討」會議（BPR）。另外，他會從世界各地邀請不同來賓列席會議。這並不是什麼不尋常的舉動（哪個執行長不開高階主管會議？）但穆拉利訂下了一些福特老員工不熟悉的新規矩：不准缺席，絕無例外（出差的人用視訊開會）；不准私下討論；不准用挖苦別人的方式開玩笑；不准打斷別人說話；不准用手機；不准讓部屬幫忙準備簡報內容。每位主管要說明自己部門的營運計畫、現況、預測，以及需要特別留意的地方。每個人都必須幫助（而非批評）在座的其他同事。

我名叫穆拉利

這沒什麼好奇怪的。每位新上任的領導人，都會試圖打破既有模式，用一些新方法，做原本在做的事。

但穆拉利一輩子在打造噴射客機，擁有航太工程師對結構與流程的堅定信仰。為了讓頂尖人才通力合作，他非常注重細節，鉅細靡遺。每次開BPR會議時，他會以同樣的方式起頭：「我名叫穆拉利，我是福特汽車公司的執行長。」然後他會檢討公司的營運計畫、現況、預測，以及需要特別留意的地方，並且以顏色評分方式，用綠色、黃色與紅色，代表良好、需要注意與不佳。

他要求十六位最高主管和他一樣，用相同的方式自我介紹，以及用顏色評分。事實上，他把我建議他採用的結構，應用到全公司。他為這個新團隊引進結構，而且不論在內容或用語上，沒有一絲一毫的偏離。他永遠會自我介紹，永遠會列出五大目標，永遠為自己前一週的表現評分。他絕不偏離正題，並要求所有人照做。

一開始，有些主管以為穆拉利在開玩笑。堂堂一家大公司的最高領導人，怎麼可能相信這個看似簡單而死板的例行流程，而且每週重複進行。

但穆拉利是認真的。結構對繁榮興盛的組織非常重要，對垂死掙扎的組織更是不可或缺。要讓團隊學會用正確的方式溝通，最好的方法就是以身作則，一步步示範，優秀的團隊該如何溝通。

大多數的主管很快就加入穆拉利的行列，但有幾個人不願意照做。穆拉利耐心向他們解釋，他決定用這個方式主導會議，但他不會強迫他們照做。「如果你不願意照做，」他對他們說，「那是你的選擇。我不會因此認為你有什麼不對。這只表示你不適合繼續待在這個團隊裡。」他沒有大吼大叫或威脅對方，戲劇性的場面完全沒有出現。

簡單的重複

穆拉利剛主掌福特時遇到的狀況，充分證明了人們會奮力抗拒改變，而這是人之常情。穆拉利加入前，這個領導團隊創下史上最高的一百二十七億美元虧損。他們讓新上任的執行長到紐約去，低頭向銀行借了二百三十億美元，使福特公司能繼續營運。沒有哪個團隊，比福特的管理團隊更急切想要改變現況。但即便工作可能不保，仍有兩位主管不願改變行為，配合BPR的要求。不久後，他們就成了福特的前主管。

這兩位主管為何寧可離開公司，也不願接受如此簡單的例行流程？我唯一想得到的解釋，是自尊心作崇。就像外科醫師不願遵照結構簡單有效的檢查表，依照規定洗手，許多企業主管覺得，承認自己需要結構的協助，是件有損顏面的事。他們認為重複性的活動太過無聊、欠缺創造力，因此不屑去做。這麼簡單的東西，怎麼可能發揮作用？

對穆拉利而言，簡單的重複性活動才是關鍵。事實上，它正是所有結構的核心元素。尤其是要求單位主管採取顏色標示，將需要注意的地方標示為黃色，把有問題的部分標示為紅色。如同「每日提問」迫使我們每天衡量自己的努力值，每天面對自己的表現，福特的主管要在每週四，宣布自己的表現評等，無從逃避。自我評分（不論用字母或顏色評等）的基本要求，是透明與誠實，穆拉利將它稱為「能見度」。

它會鼓勵每個人負起責任，並為執行長與同僚的會議，帶來意想不到的效果。會議室裡的每個人都可以清楚看見，情況有無進展。而且這個會議永無終止的一天。所有的主管知道，他們下個星期還要再碰面，下下星期也是，如此持續進行下去。穆拉利與整個管理團隊會齊聚會議室，聽取每位主管的檢討，並彼此協助支援。穆拉利想傳達的訊息非常清楚，他告訴整個團隊：「我們知道，我們的計畫一定會持續推進，因為我們全都清楚真實狀況是什麼，而且我們下定決心，一同努力達成這個計畫。」

對一些主管來說，BPR會議的死板模式，一開始看似沈重的負擔。不斷重複同樣的動作，準備開會資料，花時間開會。慢慢的，他們開始改觀，覺得這是個再好不過的禮物。

這些主管不能偏離正題、阻礙他人，或試圖規避問題。他們必須正視福特的險峻處境。穆拉利透過每週要求主管重複說出自己的姓名、職稱、目標與顏色評等，讓他們的溝通語言聚焦於一個很小的範圍。每個人都知道營運計畫是什麼，每個人都知道現況如何，每個人都知道需要特別注意的地方在哪裡。在福特起死回生的過程中，這些主管只有一件事要溝通：我們該如何提供彼此更多協助？

限制我們的選項

在任何改變行為的過程中，這是結構最大的作用之一：它限制了我們的選項，使我們不會因為外在因素，脫離正軌。若演講時間只有五分鐘，我們會設法寫出最簡潔的講稿。在結構的約束下，這個演講通常會比較精彩（我想多數聽眾應該會贊同）。

為每天的生活注入結構，我們就能掌控多變的環境。

製作購物清單，可為我們的購物行為注入結構：記得買我們需要的東西，避免買下我們不需要的東西。

按照食譜做菜，就是透過結構，簡化了複雜的烹飪流程，並提高做出美味料理的機率。

把自己死前想做的事列出清單，就是為自己的餘生注入結構。

加入讀書會，可為我們的閱讀習慣注入結構（同時可能重新建構自己的社交生活）。

每星期天上午上教會，或是追蹤每週慢跑里程，就是運用某種結構，掌控生活中比較隨興的部分。我們告訴自己：「我在這方面需要協助。」而結構可以協助我們。

成功人士出於直覺，明白這個道理。但在人際互動方面，我們往往低估了結構的重要性。對於制定日常計畫、學習高度技術性的工作、管理員工，或提升可量化的技能，結構確實能提供不少協助。但對於人際互動這麼簡單的事，因為「我應該不需要結構協助」之類的錯覺，我們比較喜歡隨機應變。

我們認為，「和別人好好相處」是小孩才需要學習的事，我們這些大人不需要注意這種事。我們告訴自己：我是個有成就、有自信的成人。我不應該還要隨時留意，我是否友善待人，或別人是否喜歡我。

對於人際間的摩擦，我們總認為是別人的錯，自己沒錯。需要改變的是別人，我不必改變自己。

或者我們對自己目前的成就非常滿意，於是沾沾自喜地否決了所有改變的理由。沒有問題，就無需處理。

本書的核心結構「每日提問」，最大的功能就在這裡。當我們自問：「我是否盡了全力……」，相當於承認，「我在這方面需要協助」。我們透過每天持續回答問題，為生活注入自己欠缺的嚴格要求與紀律。當事實清楚擺在我們眼前，我們就不得不正視，自己一直試圖逃避的問題：我有沒有進步？

15 Chapter

必須採用**適當的結構**

不論我們鎖定的是組織或個人目標，沒有結構，就無法進步。但我們必須採用適合情境與人格特質的結構。

穆拉利帶著他自己的組織結構，加入福特汽車。那是個現成的結構，不過是最適合他的結構。它是個零容忍結構，反映出穆拉利的工程師背景與思維：對於個性不合起衝突、把自己看得比團隊還重要、不遵守規定的行為，絕不容忍。對穆拉利與福特汽車來說，這個結構發揮了驚人的成效，但它不一定適用於所有情況。

不同的人適合採取不同的結構。與東岸某保險公司執行長羅伯特合作的經驗，讓我清楚看見了這個事實。極度外向的個性是羅伯特最大的優點。他擁有典型的銷售人員性格：熱情招呼、友好親切、活力充沛。他永遠忙個不停，永遠忙著促成下一筆大生意。這些個性使他頻頻打破公司的紀錄，成為公司裡的傳奇人物。他得到眾人的尊敬、欽佩與喜愛，這也是他後來能當上執行長的原因之一。他的問題並不令人意外：偉大的銷售人員，不一定能當個優秀的領導人，即使擁有迷人且鮮明的個性。

當我與羅伯特討論他的三百六十度回饋內容，我發現這是他第一次接觸這個工具。他開玩笑地說，他的部屬可能因為害怕，不敢說實話。

「不必擔心。」我說。「你完全不必擔心他們對你過度吹捧。」

他說，他希望知道自己哪些地方需要改進，於是我如實告訴他：「你最低的分數落在『提供清楚的目標與方向』這個項目，你落在第八百分位的位置。」

「那代表什麼意思？」他問。

「它代表這家公司的領導人中，有九十二%的人表現比你好。」

同時改變自己與環境

我必須說，羅伯特是個有運動精神的人，並勇於改進自己的缺點。「看樣子我們有得忙了。」他說。我想，若不是當時穿了一件外套，他很可能會馬上捲起袖子，開始行動。

羅伯特在「提供清楚的目標與方向」方面得到低分，顯示他的管理風格相當混亂。這並不令人意外。他是個天生的銷售人員，他仰賴的是直覺、察顏觀色，與洞悉顧客的能力。他從來沒有機會鍛鍊他的管理能力：關心部屬、指導部屬、追蹤決策的成效，以及提供回饋意見，隨著商業環境的變化微調策略。他總是以顧客為中心，聚焦於外部而非內部事務。有位主管說，他召開的會議不夠多。這是我這輩子第一次聽到員工說：「我們需要開更多會。」

在我看來，羅伯特的問題包括兩方面：他必須同時改變自己，以及環境。這代表他必須讓團隊與自己的行為，步調一致。我有個簡單的現成結構很適合他用，這個結構在許多客戶身上，都發揮了很好的效果。這個結構以六個問句的形式呈現。羅伯特對這些提問並不陌生，只不過，他從來不曾抽出時間或製造機會，向自己和部屬丟出這些問題。

我們立刻解決了欠缺時機的問題。我們決定，羅伯特要分別與九位部屬，每兩個月開一次一對一會議。羅伯特可透過這個制度，展現新的做法，證明他正在改變自己。我們決定每兩個月開一次會，是因為每週開會似乎顯得太刻意；每六個月開一次會，又無法讓部屬感受到他的改變。

我對羅伯特唯一的提醒是，保持一致。就像穆拉利開會時有固定的開場白一樣，羅伯特必須按照腳本走。每次開會的議題都相同，包括下列問題：

- 我們要往哪裡去？
- 你正朝哪個方向走？
- 哪些地方做得很好？
- 哪些地方需要改進？
- 我能幫你什麼？
- 你能幫我什麼？

六個好問題

「我們要往哪裡去？」這個問題處理的是公司的大方向。它強迫羅伯特說出

（不是自己在心裡想，而是向每位主管大聲說出），他希望公司往哪個方向走，以及他對每位主管的期待是什麼。內容是什麼並非重點，最重要的是，羅伯特提出了主管可公開討論，而非私下猜想的願景。開啟彼此的對話，是羅伯特改變環境與聲譽的第一步。

「你正朝哪個方向走？」羅伯特要反過來請每位主管回答這個問題，藉此讓彼此的行為和想法步調一致。所有主管很快就仿效羅伯特的開誠布公，說出自己的職責與目標。

「哪些地方做得很好？」羅伯特表現最差的部分，除了「設定清楚的目標」之外，還有「提供建設性的回饋」。若不開會，就沒有機會讚許表現優異的明星員工。這個問題賦予羅伯特一個機會，肯定部屬最近的成就。然後，他提出了一般領導人鮮少問的問題：「你覺得自己和自己的單位，有哪些地方做得很好？」這不只可以鼓勵部屬，還能讓羅伯特得知，他沒有注意到的好消息。

「哪些地方需要改進？」這個問題強迫羅伯特針對部屬的未來表現，給予建設性的建議。這是他幾乎沒做過、部屬也從來不期待他做的事。然後他追加一個問題：「如果你是自己的教練，你會給自己什麼建議？」他得到的答案令他驚喜，因為這些建議大多比他給的建議還要好。羅伯特覺得這樣挺好的。他不僅改變周遭的環境，而且能從中學習。

「我能幫你什麼？」這是領導人最喜歡說的一句話。不論我們的角色是父母或朋友，還是忙著主持會議的執行長，我們總愛把這句話掛在嘴邊。這句話有個雙向互惠的意涵，但很少人注意到。當我們表示願意提供協助，就同時促使對方承認自己需要協助。我們加入了「需要」的價值，而非干預或強加什麼。這正是羅伯特的目的：使所有人的利益方向一致。

「我該怎麼做，才能當個更有效的領導人？」請求協助，代表將自己的弱點與不足之處示人，這是很難做到的事。羅伯特想當個值得他人仿效的執行長。當他聚焦於自己需要改進之處，不斷尋求協助，他同時也鼓勵其他人跟著這麼做。

放慢腳步，進行對談

羅伯特公司的績效，在短期內還看不出進展。但若沒有結構的協助，就絕對不可能有進展。這個簡單的結構善用了羅伯特的長處：他一直非常善於與顧客溝通。現在，他只需要把相同的技巧，應用在部屬身上。

事後回想，以羅伯特的情況而言，採用這個結構最大的好處是，使他放慢腳步。他不能再總是往前衝，而是要抽出時間，與九位主管每兩個月進行一次一對一會議。

除了每兩個月要與部屬開一次會，羅伯特的做法還有另一個要素：改變每位部屬的行為。如同穆拉利要求每位團隊成員，參與福特汽車的轉型過程，羅伯特讓團隊成員參與自己向更好的領導人邁進的過程。他賦予每位主管權力，若遇到任何領導問題，都可以打電話給他，並要求他們，若對方向、教練或回饋，有任何疑惑與模糊之處，要立刻向他反應。羅伯特改變了自己，也改變了周遭的環境。羅伯特採用了結構，他的團隊被賦予責任。這樣的組合締造了驚人的結果。

羅伯特四年後退休時，他最後一次的三百六十度回饋報告顯示，他在「提供清楚的目標與方向」上，落在第九十八百分位。最令羅伯特驚喜的是，他因此省下了許多時間。他總結道：「當我落在第九十八百分位時，我花在與部屬溝通的時間變少了。一開始，他們分不清社交閒聊與清楚的目標之間，有什麼差別。當我們採用這個簡單的結構後，我可以提供他們所需的支援，同時節省了彼此的時間。」

這是運用結構改變行為時，產生的附加價值。結構不僅提高了我們的成功機率，還提升了我們改變的效率。

16

Chapter

精神耗損下的行為

你是否遇過這些情形：

- 白天工作時做了一整天的決定，回到家後，另一半找你一同決定渡假計畫。你們討論了基本的部分：時間和地點，但細節仍有待商討。這時你說：「你決定就好，我沒意見。」
- 你今天起晚了，沒時間做晨間運動。你告訴自己，下班後再上健身房。但是當你下班後提著公事包，背著運動袋離開辦公室，此時你心想：「今天暫停一次，我明天早上再運動。」
- 你今天為了開不停的會，接不完的電話，忙了一整天。回到家時，發現時間還早，離天黑還有三小時，你還有一點美好的夏日時光可用。你可以去散個步，可以打電話約朋友晚上碰面，可以為自己好好做個晚餐，可以整理帳單，或寫感謝卡片或電子郵件，可以把正在讀的書看完。結果，你抓了一包零食或一瓶優格，躺進沙發，打開電視，不用大腦地看了第三十八遍的「刺激一九九五」（The Shawshank Redemption）電影，中間還有廣告插入。

這是怎麼回事？我們的自律與決斷力，為何到了晚上就消失無蹤？以致於我們選擇的，不是做令自己開心或有用的事，而是選擇什麼事也不做。這並非因為我們的本性軟弱，而是因為我們的力量被削弱了。

社會心理學家鮑梅斯特（Roy F. Baumeister）在一九九〇年代提出「自我耗損」（ego depletion）的概念，來描述這個現象。他主張，我們擁有的腦力資源，也就是「自我力量」（ego strength），是有限的。我們在一天當中，進行的各種自我調整行為：抵擋誘惑、權衡取捨、壓抑欲望、控制想法與言論、遵從別人的規則等等，會耗損自我力量。根據鮑梅斯特的說法，此時人們處於自我耗損的狀態。

鮑梅斯特與其他研究人員，研究過各種情況導致的耗損。一開始，他們研究的是自我控制：為了達成目標或遵守規定，運用意志力壓抑衝動。他們以巧克力餅乾作為誘因，進行實驗，結果發現，試圖抗拒巧克力餅乾，會降低人們後來抗拒其他誘惑的能力。就像油缸裡的汽油，我們的自我控制力是有限的，會越用越少。到了晚上，我們已經筋疲力竭，於是往往做出愚蠢的決定。

小心決策疲勞

耗損不僅限於自我控制，也會發生在多種自我調整行為上。

最顯而易見的是，它會影響我們的決策。我們必須做的決定越多（不論是買新車時，從數十個選項中挑選其一，還是刪減外地會議成員的名單），接下來處理其他的決定時，就會變得越疲累。研究人員把這個情況稱作「決策疲勞」（decision fatigue）。當我們處於這個狀態，通常會產生兩種行為：一、做決定時粗心大意；二、維持現狀，什麼也不做。決策疲勞可以解釋，我們為何會在前一天無意識地買了一堆東西，然後必須在隔天拿去店裡退貨。因為到了隔天早上，我們的精神比較好，所以頭腦比較清楚。這也是我們延後做決定的原因，因為我們現在已經筋疲力竭。

一個活生生的例子是，研究人員在二〇一一年，對以色列假釋委員會做出的一千一百個假釋決議，進行研究。結果發現，早上接受審查的假釋申請，有七〇%會被核准；而到了下午，核准率則降為一〇%。除了時間點之外，研究人員找不到任何有意義的模式，三位假釋委員並沒有任何偏見或敵意。決定犯人的命運是個耗神的工作，經過一個早上的消耗，假釋委員到了下午，就選擇比較輕鬆的做法：不做決定。結果讓九〇%的申請者，必須服完刑期。

自我耗損可以用來解釋各種消費行為，包括我們為何請餐廳的服務生推薦菜色，並接受他們的建議（我們太過疲累，所以讓陌生人幫我們決定吃什麼），以及糖果與提神飲料這類衝動型購買商品，會放在結帳櫃台旁（零售商知道，消費者在逛購物走道時，已經做了太多決定，因此在帳結時會比較難以抗拒誘惑）。

我比較感興趣的是，耗損對我們的人際互動與改變行為能力的影響。若購物、做決定與抗拒誘惑會耗損心神，那麼其他的行為一定也會耗損我們的精神（已經有研究證實了這點）。

整天與難搞的同事相處，會耗神；對你不尊敬的領導人表現出順從的態度，會耗神；過度同時多工，會耗神；要說服原本反對你的人，認同你的看法，會耗神；要讓原本不喜歡你的人，轉而喜歡你，會耗神；壓抑自己的意見（或者說，與他人相處時，努力控制情緒），也會耗神。

耗神影響自制力

與體力的消耗不同的是，我們通常不會察覺精神的耗損。從事消耗大量體力的活動後，我們知道身體會疲累，於是會找時間休息。但耗損和壓力一樣，是無形的敵人。除非有人找出一種身體指標，可以讓我們知道自己的精神正不斷消耗中。當我們無從衡量，就不會意識到耗損會影響我們的行為自制力，結果導致我們做出錯誤的判斷，與不理想的行為。

從事耗損精神的活動，是一回事，但精神耗損導致的行為，又是另一回事。做耗損精神的事，和在耗損精神的情況下做事，是不同的兩回事。前者是因，後者是果。

但這個結果對我們不利。在耗損精神的情況下，我們比較容易做出不恰當的社交互動，例如，太多話，把私事告訴別人，以及表現出傲慢的行為；我們比較可能會脫離社會規範，例如，說謊或欺騙；我們會比較不樂意幫助別人，也可能變得比較有攻擊性，而壓抑天生的攻擊性所花費的力氣，又會耗損我們自制力；相反的，我們也可能變得比較被動。腦力被榨乾後，我們比較容易被別人說服，在反駁他人的意見時，反應會變得比較差。

基本上，我們在白天努力控制的天生衝動，隨著時間越來越晚，以及我們的精神逐漸耗損，越來越有可能被引爆。這些衝動並不會突然出現，而是潛藏在我們體內，慢慢累積，等著適當的觸發物出現。

本書主張的重要觀念之一是，環境會悄悄以神祕的方式，對我們產生強大的影響力。耗損是環境的一個危害因子。我不想誇大耗損的影響力，也不想把每個人描繪成情緒的定時炸彈，在自我力量耗盡時，就會引爆。如同內分泌學家塞耶（Hans Selye）在一九三六年發現了壓力的存在（我們很容易就忘了，在過去，醫師並不了解，壓力〔我們對任何要求產生的生理反應〕與疾病的關聯），耗損的觀念帶來了新的觀點，讓我們意識到，在日常生活中不斷進行自我調整，其實會消耗我們的精神。

追蹤你的耗損狀況

一旦意識到這個事實，我們就可以採取新的應對方法。最明顯的方法是，開始追蹤我們一天的耗損情況。我們無法衡量或測量耗損值，我們甚至無法覺察耗損的發生，但我們可以列出清單，找出耗損程度較大與較小的活動。在海邊待上一天，耗損程度可能比較小，因為除了偶爾擦擦防曬油，我們不需要為任何事心煩或擔憂；到山上健行也是，雖然身體會耗費力量，但我們沒有耗損太多精神；可以自行選擇做或不做的活動，例如，為孩子的房間重新上油漆，或是到醫院探視朋友，耗損程度通常比較低。

另一方面，接聽客服電話，尋找遺失的包裹，或修正帳單錯誤，繃緊神經同時保持禮貌，可能非常耗費心神；當某個姻親或鄰居滔滔不絕地發表白痴言論，要忍住不吐嘈批評的衝動，是件非常耗神的事；面對他人的固執行為，壓抑內心的各種衝動，可能很耗神。當我們的精神不斷被消耗，隨著時間越來越晚，我們的行為舉止也越來越難以控制。當我們做出令他人失望或生氣的事，遭到對方責怪時，我們會道歉說：「我今天很不順利。」，或「我累壞了。」只有這個時候，我們才意識到，自己的精神被耗損得所剩無幾。

了解各種活動的精神耗損程度，可讓我們在一天將結束時更清楚，自己的精神與意志力是否使用殆盡。我們若需要開車，就會留意自己的飲酒情況；同樣的，若我們留意自己從事了哪些活動，就會知道自己是否處於精神耗損的狀況，並警覺風險的存在。

在晚上做出重大決定，顯然風險很高。因此，若要與理財顧問討論投資事宜，最好約在精神充沛的早上，而不要約在下班後（你此時可能精神不濟）。

下班後回到亂七八糟的家裡，此時的風險可能也很高。如果你曾經回到家，因為玩具散落一地、房間亂成一團，或發現溜狗的工作還沒做，而對家人大發雷霆，你知道問題不出在觸發物，而是你的精神已嚴重耗損。究竟要開開心心回到家人的懷抱，還是把家裡的氣氛搞得烏煙瘴氣，完全取決於你的選擇。在意志力很低的時候，我們往往會做出錯誤的選擇。

克服精神耗損的法寶

結構是克服精神耗損的法寶。它可以有效減緩自律與自制力消耗的速度。在結構的輔助下，我們只需要按照計畫行事，因此不必做太多決定。如此一來，我們的精神就不會那麼快被消耗掉。

穆拉利必定出於直覺明白這個道理，因為他每週四的BPR會議，具有嚴謹的結構。成就動機強且有主見的主管，在開會時有許多選項：該說什麼，該質疑或打斷誰的發言，該用什麼方式報告工作進度，該省略什麼，要展現多少程度的合作精神或固執己見。即便與熟悉的同事開會，這諸多選項仍會令我們的大腦應接不暇。穆拉利的結構把這些選項一掃而空，使福特汽車的主管不必為這些事費神。BPR會議早上八點開始，通常會進行好幾個小時。若這些主管費神開會一連好幾小時，會議將盡時，每個人必定筋疲力竭。穆拉利的規定減少了他們的精神耗損，使他們在渾然不覺的情況下，精神飽滿地以清晰的頭腦開會。

當我們擁有適當的結構，就不需要自律，因為結構提供了我們需要的約束力。顯然，我們無法凡事都仰賴結構（環境不可能輕易放過我們），但每個人在某些時候，都必須仰賴結構的支持。

例如，對需要長期服藥的無數民眾來說，一週藥盒是他們的結構救星。它解決了醫病關係的一大挑戰：按時服藥。星期四起床後，我們服用「星期四」格子裡的藥，毫不費力就執行了醫師的囑咐。我們通常把藥盒視為方便好用的小東西，但在另一個層次，它以結構代替我們執行自律的功能。我們不必花腦筋提醒自己服藥，藥盒會幫我們記得這件事。

越多結構，越少耗損

我們可能沒有意識到，我們其實已經為自己的日常生活，注入了許多減少精神耗損的結構。每天同一個時間起床，開會前寫下待議事項，上班前在同一家咖啡店買咖啡，或是在打開筆電開始工作前，清理桌面。這些例行活動可使我們少花一點自我要求的精神，因為我們的習慣會代替我們的大腦，做這些要求。

我在生活中使用的結構多不勝數。我上班一定穿卡其褲配綠色 polo 衫（這個結構使我的糟糕穿著品味沒有機會暴走）；我付錢請一位女士每天晚上打電話給我，追蹤我的「每日提問」結果（藉此提醒我覺察自己的狀態）；我授權助理處理我所有的差旅行程，從不質疑她的安排（節省我的時間）。這是個好得令人難以抗拒的方式：我運用的結構越多，需要費神的事情就越少。我雖然失去了一部分的自主權，但與我省下的心力相較，我覺得非常划算。

我明白，有些人不像我一樣，如此樂於交出生活的掌控權。他們有自己的主張，痛恨任何規定或慣例。他們覺得，相較於訴諸外在結構的要求，倚賴內在的自律，是精神層次較高的行為。這我都懂。每個人都喜歡自由，但在行為改變方面，我一想到結構帶來的種種好處，心中只有一個疑問：「怎麼會有人不願意多運用一些結構呢？」

Chapter 17

最不可能得到協助時，最需要協助

當結構與行為互相衝突，就會出現一個矛盾狀況。我們仰賴結構管理預料中的生活大小事：我們知道自己何時該到哪裡去，做什麼工作，去見什麼人。所有的活動都在我們的行事曆或腦海中，所以我們可以預先做好準備。我們有禮儀作為結構，引導我們做出恰當的行為。我們預見事情即將發生時，通常知道該如何應對。

不過，沒有被標注在行事曆上的人際互動，該如何處理？當煩人的同事、吵人的鄰居、無禮的顧客、憤怒的客戶、發脾氣的小孩，或是期望落空的配偶，出現突發狀況，需要我們處理，但我們既沒有準備，又無法好好應付時，該怎麼辦？若這些情況發生的時機不對，我們就可能在精神耗損的情況下做出反應，並在事後懊悔不已。

這就是我所謂的矛盾狀況：我們在最不可能得到協助時，往往最需要協助。我們周遭的環境充滿突發狀況，引發我們產生不合宜、違反習性的反應，做出對自己不利的行為，而且我們通常沒有意識到這個情況。我們欠缺結構性工具，幫助我們處理五花八門的人際互動情境。（如果有人能針對這種情況，發明手機應用程式該有多好。智慧型手機適時發出提示聲響，提醒我們：令人抓狂的事即將發生，請保持冷靜。）

我的朋友德瑞克幾年前突然遭受喪父之痛，五十九歲的父親在接受某個一般的外科手術後，突然離世。這個打擊讓德瑞克措手不及。他在喪禮後請了一個星期的假，安撫母親的情緒，並處理遺產相關事宜。然後就照常上班，一切看起來和以前沒有兩樣。不過，在接下來的六個月，他的工作卻接二連三出現大狀況。兩個最大的客戶離他而去，幾個重要的部屬跳槽到競爭對手公司，還有兩個專案被叫停。他花了兩年時間，才重新振作起來，並重拾原來的收入與地位。

當我問德瑞克，那段事業的黑暗期是怎麼回事，他說：「這是個很普通的故事。父親的過世是我第一次失去親人，這對我的打擊很大，所以我就和受到重大打擊的任何人一樣，忽略重要的人，忽視工作截止期限，不回電話。許多人很快就決定不再與我合作。我是在得到慘痛的教訓後，才看清這個事實。」

德瑞克並不是找藉口，將自己的情況合理化。在那段黑暗期之前與之後，他都非常敬業。父親的驟逝，以及不知道如何面對傷痛，觸發了糟糕的工作表現。社會提供了許多輔助結構，幫助我們面對喪親之痛：喪禮、服喪期、悲傷諮詢師、支持團體，以及由心理治療師向我們解釋庫伯勒羅斯（Kübler-Ross）提出的喪慟五階段等等。但德瑞克不是因為藐視，就是因為沒有機會接觸，而沒有得到這些治療性結構的協助。直到事過境遷，他才看清事實：當他需要協助時，他拒絕了所有的協助。

討厭的會議

我們先跳脫意外的喪父之痛如此重大的事件，來談談生活中比較常見的人際互動挑戰。面對這些挑戰時，若缺乏結構的輔助，我們很可能做出錯誤的反應。我指的是什麼樣的結構呢？

它應該是個簡單的結構，可以：一、幫助我們預見環境對我們的打擊；二、觸發明智、建設性的反應，而非愚蠢的行為。我建議你採用類似「每日提問」的簡單結構，它可以促使我們為自己的努力評分，並提醒我們保持警覺。這種結構可以徹底改變我們的覺察力。

舉例來說，假設你即將要去開一個一小時的會。這個會議沒有意義、無聊，且浪費時間，你寧可把這段時間拿來做「真正的」工作。（我們都有過這樣的經驗。）你無意掩飾自己對這個會議的厭惡。你繃著臉走進會議室，充分展現你寧可去做其他事的心態。你攤坐在座位上，不正眼看任何人，在筆記本上塗鴉，被點到時才發言，敷衍了事。會議結束時，你一個箭步就衝出會議室。你的目標是痛苦地度過這一個小時，而你的確成功了。

現在請想像，你在會議結束後，必須做個自我測驗，回答四個簡單的問題，關於你在那個小時的表現：

1. **我是否盡了全力讓自己快樂？**
2. **我是否盡了全力找到人生的意義？**
3. **我是否盡了全力與他人建立積極正向的關係？**

4. 我是否盡了全力全心投入工作？

如果你知道自己在會議結束後要接受這個測驗，你在開會時會表現出哪些不同的行為，以提高自己的得分？

我曾向不計其數的高階主管提出這個問題，典型的回答是：

- 我會帶著積極正向的態度去開會。
- 與其等著別人讓會議變得有趣，不如我自己把會議變有趣。
- 我會試著幫助上台報告的人，而不是在心中批評他。
- 我會先準備好建設性的問題，再去開會。
- 我會設法讓自己透過會議，學到有意義的東西。
- 我會設法與某個與會者，建立積極正向的關係。
- 我會專心開會，把手機放在一旁。

每個人的心中都有好答案。當你知道自己事後將要接受這個測驗，就會產生動機，把你原本毫不在乎的無聊會議，轉變成與自己的競賽。你也會對自己的行為極度警覺。即將接受測驗這件事，會觸發你想得到好分數的欲望，也就是在快樂、意義、投入與建立關係上，得到高分。痛苦開會的選項被你踢到一旁，而且覺得這個念頭奇蠢無比。

給自己一些協助

我想給你一個大膽的建議：從現在開始，假裝自己每次開完會後，都要接受測驗！你的想法與心情一定會變得輕鬆不少。開會的那一個小時，是你人生中再也追不回來的一小時。如果你痛苦了一個小時，痛苦的人是你，不是公司，也不是你的同事，為何要把那一個小時，浪費在心不在焉與憤世嫉俗上？當你負起責任，專心開會，你就為公司做出了建設性的貢獻，同時開始創造一個更好的自己。

你可以把這個想法，當作改變行為的腦筋急轉彎遊戲。測驗的因果關係是，先有表現，然後再評分。假裝要接受測驗的概念，恰好把這個順序顛倒過來。這不是作弊，也不是什麼花招，而是結構，而且是成功人士經常仰賴的結構。

就像法庭上的律師，不會提出自己不知道答案的問題，在你接受測驗之前，你已經知道正確答案是什麼，因為答案由你決定。當你正在開你最討厭的會議時，你要在自己最需要協助的時候，給自己一些協助。

18
Chapter

每小時提問

為何只限於一個小時？何不延長一個小時，再一個小時，不斷拉長，延長為一天。最後使這個一整天的自我測驗，變成你的結構？

在任何時刻，我們都活在三個時空的其中之一：過去，現在，未來。當我們在痛苦中熬過無聊的會議，我們就做了下列兩件事的其中之一，而這兩者都不是什麼好事：

1. 我們滿腦子想著過去，以悔恨與難過的心情，想起過去開過的所有無聊會議。
2. 我們滿腦子想著未來，以不耐煩的心情或對未來的錯誤期待，敷衍會議。

知道自己即將接受測驗（即使只是假裝），我們就會強迫自己活在當下。我們對自己和他人的行為，會變得更加留意與警覺，因為我們知道，不久後要為自己的表現打分數。我們只能在此時此刻，把自己形塑成更理想的自己。我們無法改變過去的自己，因為時光一去不復返；也無法改變未來的自己，因為未來只存在於我們的腦海，且重要相關人物尚未出現。我們只能在當下改變自己。

把「每日提問」變成「每小時提問」，可創造有力的結構，讓我們留在當下。還記得在第十二章為「冰塊的鏗鏗聲問題」而煩惱的葛里芬嗎？在解決冰塊問題一年後，葛里芬為了另一個問題來找我。他住在紐約市，但在新罕布夏州的湖邊社區，有個週末渡假別墅。他們夫婦倆和當地幾個鄰居經過多年相處，已成為至交。這些鄰居都是土生土長的新英格蘭人，很少到曼哈頓。葛里芬邀請他們，歡迎他們隨時到紐約上西城的家裡玩。葛里芬的三個孩子都長大離家，所以家裡有現成的房間，讓客人住一晚。葛里芬很喜歡當個熱忱待客的主人，直到某個他沒有預見的狀況出現。他是這麼說的：

「在新罕布夏，我們與鄰居的往來很密切。住在那裡的人都是如此。我們很期待他們到紐約來玩。他們是土生土長的新英格蘭人，不是都市人。他們不常到紐約來。但是在第三對夫妻來訪後，帶他們四處走走開始變得有點令人不耐煩，因為我得重複帶他們到相同的熱門景點，包括自由女神像、九一一遺址與現代藝術博物館（MoMA），以及自然史博物館。我們會到空中公園（High Line）、蘇活區與布魯克林逛逛，看一齣音樂劇，到時髦的餐廳吃飯。對我和老婆來說，紐約是我們的地盤，我們看百老匯秀或上博物館，是因為我們想去，不是為了趕行程而走馬看花。最後一對夫妻來訪時，我開始變得有點脾氣暴躁，雖不至於影響我和他們的友誼，但已經讓我老婆看不下去。」

面對想逃避的情境

又有一對夫妻即將來訪，為期三天。葛里芬很擔心，在客人來訪期間的後半段，他的脾氣會越來越差，結果毀了客人的興致。（從耗損的觀點來看，就是控制自己所耗費的精神，會逐漸磨耗他的自制力，使他變得脾氣暴躁。）他因為自己發出的邀約而陷入兩難。客人待的時間越長，他就越覺得自己的邀請，變成了一種打擾。葛里芬的情況和即將開討厭的會議沒有兩樣。我們該如何把自己想逃離的情境，變成積極正向的環境？

葛里芬對自我測驗很有經驗，他是「每日提問」的信徒。

「把每日提問變成每小時提問。」我對他說。「當新罕布夏的朋友來訪時，用幾個重點問題，每小時測驗自己。」

「我只有一個最重要的問題，」他說，「我是否盡了全力，享受與朋友共度的時光？」

來訪的朋友出現時，葛里芬已經做好準備。他以「每小時提問」的結構引導行為，讓自己不脫離正軌。於是，當他六個月以來第三次，在布希維克（Bushwick）的人氣披薩店裡人擠人，或是排隊等著進入自然史博物館的海登天文館（Hayden Planetarium），他的手機每小時整點會震動一次，提醒他想想這個簡單的問題：我是否正努力享受與朋友共度的時光？這個情況會持續一整天。進行每小時的測驗時，他可能通過，也可能失敗。以下是他對紐約市十小時導覽行程的報告：

「我以為情況會像跑馬拉松一樣：一開始精力充沛，到終點線時筋疲力竭。然後，當我非常沮喪與痛恨自己的處境時，每小時提問會救我一命。但真實情況並非如此。導覽了三、四個小時後，我的精神變得更好，而不是更差。每當我的手機震動，我會檢討自己的表現，恭喜自己有好表現，然後繼續下去。到了晚上，我以為自己會開始變得脾氣暴躁，結果卻發現自己處於定速巡航狀態，游刃有餘。我那天過得很愉快。」

不需花時間約束自己

葛里芬的經驗似乎違反了精神耗損的概念，但在我看來其實很合理。葛里芬知道自己每小時要接受測驗，而他想得到高分，所以他別無選擇，只能設法樂在其中（否則他將無法通過自己出的考題！）。這個結構剔除了發脾氣這個選項，他沒得選擇，不需要花精神約束自己，所以沒有耗損。

還有另一個原因：當我們決定要表現良好行為，而且一開始就順利達成目標，我們往往會產生一股自我應驗的動力（葛里芬把它稱為「定速巡航」），使我們不需要太費力，也能做出好表現。這就像節食一樣，我們若能在前四天，成功壓抑吃東西的衝動，接下來就會比較輕鬆。我們不想浪費自己努力創造的成果，良好行為已經成為我們不想犧牲的沈沒成本（sunk cost）。

事情有這麼簡單嗎？顯然如此。結構越簡單，我們就越可能遵從。「每小時提問」相當簡單，它包含幾個連貫的步驟，這些步驟的區隔並不明顯，若不留意，我們往往會把它當作一個動作而已。

1. 預先覺察。成功人士通常善於先發制人，他們很少在棘手的談判、討厭的會議與針鋒相對等場合，措手不及。走進會議室前，他們已經知道自己即將面對什麼狀況。我把它稱作預先提高覺知，就像運動員在上場比賽前，會在更衣室做好心理準備，以便進入極度專注的狀態。

2. 承諾。成功人士的行動絕不優柔寡斷。採用「每小時提問」的結構，對自己提出明確的問題，是一種承諾機制，它絕對比「祈禱一切會順利」還要有效。其中的差別就像，考慮某個目標，與寫下某個目標的差別。

3. 覺察。當我們忽略環境對我們的影響，就比較容易被環境擊倒。「每小時提問」以規律的節奏提醒我們，使我們保持覺察警醒。我們沒有時間忘了自己的處境，或脫離目標，因為下一次的測驗即將在六十分鐘後到來。

4. 評分。為自己的表現打分數時，我們除了覺知，還要反省。評分可有效提高我們的覺察力。獨自一人做事是一回事；在別人的監督下做事，又是另一回事。若知道有人會觀察與評斷我們的表現，我們會對自己的行為更有自覺。只不過，那個觀察者兼評斷者是我們自己。

5. 重複執行。「每小時提問」最棒的部分，就是不斷重複相同的流程。如果我們這次的得分不理想，一小時後又有機會一雪前恥。這個結構給我們重新再來一次的機會。

想到就怕的事和人

「每小時提問」只能發揮短期效果。若想用它來改變常態的行為，例如，成為待人更和善的人，是不切實際且累人的事（無疑非常耗神）。學習和善待人需要高度自覺，以及堅持到底與保持一致，若要達成這個目標，每日與每週的檢討就已足夠。每天晚上回答「每日提問」，然後在幾個月後，你逐漸看見自己的進步。這不是放下屠刀，立地成佛的轉念，而是一場持久戰。

「每小時提問」適用於短期的目標：當我們需要強大的約束力，在短期內壓抑某些衝動時。我可以想到兩個常見的情況：

■**「想到就怕」的事**。不只是討厭的會議或訪客來家裡度週末，而是當我們處於某些情境中，百般不情願的心情會引發魯莽不當的行為。它可能是公司僻靜會議中，矯情做作的團結氛圍、感恩節的大家族聚餐，或是到孩子的學校參加親師會。若沒有結構約束我們的言行，我們的消極態度就會自我應驗：我們會一手促成自己預期的不愉快結果。「每小時提問」的結構可以消滅消極心態，因為這是我們選擇要做的事。

■**「想到就怕」的人**。某些人的個性與行為，往往會刺激我們表現出不該有的行為。這個人可能是說話聲音尖銳刺耳的同事、以六種不同方式提供毫無幫助答案的客服人員、自以為什麼都知道，而且自以為了不起的學校董事，或是在超市買了二十樣東西，卻在快速結帳櫃台堵住排隊人龍的人。我們都遇過這種人，但我們仍然任憑這些人影響我們的行為。在我們容易因為他人愚蠢與不肯讓步的行為而動怒時，「每小時提問」可以從我們體內，激發約束自己的新力量。

諷刺的是，我運用「每小時提問」，不是為了想到就怕的事或人。我的情況恰好相反。我的挑戰是，我非常期待的場合，與我真正喜歡的人。

舉例來說，到一家高檔餐廳，與我最喜歡的十位客戶共進晚餐，我想沒有太多人會害怕這個場合，我也不會。在這樣的環境下，我的挑戰在於開心過頭與控制食量。在如此完美的情境中，我需要一些協助，約束自己不受誘惑（有這個弱點的人，不只是我）。

在如此歡樂的氣氛與如此投契的朋友圍繞下，我的自制力會大幅下降。這個場合根本是拋開自律與縱情享受的天堂。當時天色已晚，精神的耗損已達到最高點。桌上有享用不盡的美酒與美食，不斷誘惑著我。我身邊的每個人心情都很好，這使得我更加開心，自制力也變得更低。我告訴自己，人生如此美好，何不好好享受此刻，要後悔以後再說。對我來說，這個環境具有強大的引爆力。我是個活生生的例子，說明當我們最需要協助時，往往得不到協助。

善用結構，抗拒誘惑

這個時候，「每小時提問」成了我的救星。我知道自己在這種情境下，會對誘惑欠缺抵抗力，因此我把所有想得到的結構都派上用場。我告訴自己，我不吃那些看起來令人垂涎三尺的甜點。有時我會與鄰座的人約好：我們都不可以屈服於甜點的誘惑。有時我會仿效奧德賽，要水手用蠟塞住耳朵，抗拒誘惑：我會告訴服務生，當我想要點甜點時，請他們不要理我。但最重要的結構仍然是，我每小時用這個問題測驗自己：我是否盡了全力，享受與在座的人相處的時光，而不是這些美食？

我並不是每次都拿滿分，有時我還是吃了甜點。但我不會忘記每小時測驗自己，這個動作提醒我：我並非受了環境的影響仍渾然不覺。不論我做什麼，都是高度覺知與警覺下的選擇。即使我只給自己中等的分數，光是擁有這個高度覺察力，就代表我不是沒有收穫。我越常在自己最脆弱的情境，倚賴這種自我測驗，我的覺察力就會變得越強。日積月累，覺察力會逐漸成為我性格的一部分。這個有意義且持久的改變，我還挺喜歡的。

19
Chapter

「已經很好」的問題所在

沒有所謂的百分之百行為改變。我們絕不可能擁有百分之百的耐心、寬厚、同理心，或謙遜（或任何美德）。

這沒什麼好丟人的。我們只能期待自己做出一致性的努力，也就是持續不斷的努力嘗試，使別人對我們的缺點更加寬容。

舉例來說，平常總是準時赴約的朋友，今天突然遲到了。她到了之後，對於讓你久候再三向你道歉。你會把這件事視為不可饒恕的過失，認為你們的友誼因此受到損害嗎？還是會原諒她，想起她其實從來不遲到？我猜，你會和大多數人一樣，選擇原諒她。

她在你的心目中是個準時的人，是「因為」發生了這個偶發的遲到事件，而非「雖然」發生了這個偶發的遲到事件。這個唯一一次的差錯，反而突顯出她平常的準時形象，以及她為了補救情況所做的努力。你會希望，若情況反過來，她也會如此對待你。你知道，所謂「百分之百」的優點並不存在，即便是最理智的人，也不例外。每個人偶爾都會犯點錯。

比較令人擔心的是，當我們不再努力要求自己，使出差錯的情況越來越頻繁，於是開始仰賴過去建立的名聲與形象。當我們開始接受「已經很好」，就是危險的開端。

凡事夠好就好？

「已經很好」不一定是壞事。在現實生活的某些方面，追求完美是徒勞無功的事，至少是浪費時間。我們不需要為了找出最好的芥末醬，花好幾個小時試吃每個品牌的產品；我們平常吃的三明治，用「已經很好」的芥末醬就行了。

我們對大多數的事物不會吹毛求疵，只要有「已經很好」的程度，就足夠了。經濟學家西蒙（Herbert Simon）把這個現象稱為「滿足」（satisficing）：人們傾向將日常決定商品化，因為為了追求極致的完美，所花費的時間或精神，其實並不值得。極致的完美不會大幅增加我們的快樂或滿意度。

不論是選擇牙膏、清潔劑、愛情小說，或日式外賣食物，我們都是這麼做的。對於看似重要的決定，我們也會這麼做，例如選擇使用哪家銀行或哪張信用卡。同樣的，在選擇會計師與律師，甚至是牙醫、眼科與家庭醫師時，也是如此。我們隨機做出決定，而非經過有系統的搜尋，尋找最好的那一個。

我敢說，就連選擇居住地點，我們也是「已經很好」就可以了。不論住在哪裡的人，都會對當地的天氣有所抱怨。如果我們真正在意氣候是否完美，我們會選擇住在聖地牙哥（全美國氣候最穩定的地方），或科羅拉多州的波德（Boulder）（全年有三百一十天放晴）。即使是選擇居住環境，絕大多數的人也安於「已經很好」的水準。

唯有當自尊可能受損（例如決定申請哪所大學），或攸關生死（例如選擇神經外科手術醫師），我們才會變得稍微挑剔一些。不過，只有二%的人能進入前百大名校；而僅次於頂尖名醫的外科醫師，經驗也非常豐富。所以即便是這些重大決定，我們也可以接受「已經很好」的水準，而結果通常相當好。人生不會因為耶魯大學拒絕我們入學，或我們的外科手術醫師沒有拿到諾貝爾醫學獎，而因此毀了。

唯有當「已經很好」的態度擴散到我們的一言一行，才會發生問題。用來做三明治的芥末醬，「已經很好」就夠了；但在人際關係方面（我指的是丈夫如何對待妻子，兒子如何對待年邁的父母，或是當信任你的朋友需要你出手相救，你如何回應他），「已經很好」的標準太低了。「滿足」這個標準是行不通的。它既無法令人滿意，也不足夠，它只會帶來令人失望的結果：無法帶來和諧，反而製造痛苦。在比較極瑞的狀況下，可能會終止友誼。

現在，我們來檢視會觸發「已經很好」反應的四種環境：

1 當我們的動機很薄弱

就許多方面來說，本書是為動機薄弱的人而寫的，也就是一般人，包括我自己，和我的客戶，可能也包括你。理論上，動機很強的人不需要借助紀律與結構，就能完成他們想做的事，包括改變自己。「已經很好」的概念不存在他們的腦袋裡。

我們都見過動機很強的人，只要曾經參加過盛大婚禮的人，都見證過這股強烈動機。為婚禮做準備的新娘，基於驚人的執著、鉅細靡遺的注意力、絕不接受「已經很好」的心態，以及把自己塞進小兩號婚紗的堅強意志力，沒有任何事能打消她成就一場完美婚禮的動機。（請想像，在北京奧運勇奪八面金牌的游泳名將「飛魚」菲爾普斯〔Michael Phelps〕，為奧運接受訓練時的動機，然後把這股動力乘以二。）如果能將這股能量打包帶走，你就不需要閱讀這個章節了。

看見別人不尋常的努力（即使只是一點點），我們立刻可以感受到那股強烈的動機。例如，當我們下班時，助理仍然留下來加班，或是孩子放學回到家，就直接進房間寫功課，而不是一屁股坐在電視前。我們會注意到這些行為，並大為佩服，因為看見有人斷然拒絕「已經很好」的誘惑，令我們眼睛一亮，並心生欽佩之情。

我們也見過動機薄弱的例子，雖然我們比較察覺不到自己動機薄弱的時刻。此時我們的熱情熄滅了，或打了折扣，於是傾向於接受普普通通的結果。

技能是強烈動機的驅動引擎。我們擁有的技能越強，就越能輕鬆把工作做好；我們越輕鬆把工作做好，就越喜歡這份工作；我們越喜歡這份工作，就有更強的動機繼續做下去，即使這工作非常耗費心神（例如，解決棘手的技術性問題），或消耗體力（例如，以最快速度在泳池來回游泳），或非常危險（例如，攀岩運動）。我們若精於此道，就會不計成本與風險，一頭栽進去。

好表現引發高動機

我們有強烈動機去做自己擅長的事，是件非常合理的事。好的表現會提供正向回饋，使我們進入良性循環。如果我們在牌局中不斷贏錢，就會繼續玩下去。越堆越高的籌碼，是再明確不過的回饋訊息，告訴我們不要離席。

然而，我們往往忽略了相反的情況：馬馬虎虎的技能會削弱我們的動機。除非有人點醒我們，否則我們通常不會察覺，低技能與低動機的直接關聯。

有一次，我問一位執行長：「你有任何心願嗎？」「提升我的高爾夫球技。」他毫不遲疑地回答。

我本來期待他會說，世界和平或終結饑荒之類的遠大目標。不過，執著於提升高爾夫球技的高成就客戶，他並非第一人。

「你很厲害嗎？」我問他。

「不算厲害。我的球技不丟人，但始終沒有進步。」

「你幾歲了？」我問。

「五十八。」

「你在高中是不是運動健將？」我繼續問。

「充其量普普通通，我加入的是游泳隊。」

「你喜歡練習高爾夫球嗎？」

「我寧可和朋友出去玩。」

「所以說，你已經過了五十歲。一般來說，在運動方面，五十歲以上的人很難再有進步。你說你並不是很有運動細胞，所以你天生就欠缺運動的天賦。而且你討厭練習，據我所知，練習是進步的必要條件。你的狀況大概是這樣吧？」

他點點頭。

「我建議你好好享受打球就好，不要再想增進球技的事。你的球技不會再進步了。」

基本上，我要他接受「已經很好」的狀態，這似乎違背了本章的主旨。不過，我想強調的重點是，若欠缺技能會大幅降低我們的動機，那麼安於「已經很好」就是個比較明智的選擇。這並非最理想的狀況，但總比自欺欺人（讓別人誤以為你將有驚人表現，最後卻讓他們大失所望）還要好。薄弱的動機只會創造不起眼的結果。（這個道理居然讓許多人感到訝異，真是令人吃驚。）

此外，我們也低估了目標的品質對動機產生的影響。我們的新年新希望總是落空，是因為我們幾乎總是訂下馬馬虎虎的目標，然後以薄弱的動機執行。我們訂的目標不是正中核心（例如，換掉討厭的工作），而是模稜兩可、含糊不清（例如，「進修」或「到更多地方旅遊」）。馬馬虎虎的目標只會激發馬馬虎虎的企圖心。

最後，我們沒有意識到，看見初步的進展後，我們的動機往往就會大幅下降。這是基於「已經很好」的平庸循環。有時我會在一對一客戶身上，看見這樣的情況。他們一開始有強烈的動機，想達成某些人際互動目標。經過六至八個月的穩定進步後，他們的動機就大幅下滑。他們認為自己已經「解決了」問題，於是不再專注於人際關係的提升。

我的職責是告訴他們，他們看見的終點線其實只是幻影，有沒有進步不是由他們自己決定，而是由周遭的人來決定。當他們看見這個事實後，才會重新燃起動力，繼續努力。

重點：若你的動機基於任何理由（欠缺技能、沒有下定決心，或認為目前的成果已經很好），開始下降，請不要再繼續做下去。另外找一個目標，向全世界展現你的熱情（而非滿不在乎）吧！

2 當我們提供無償服務

我曾說過，賀賽蘋是我的偶像，而她曾做的一件事，尤其值得我們學習。

幾年前，賀賽蘋受到白宮的邀請，與總統會面。白宮敲定的日期，與她答應到丹佛某個小型非營利組織的演講日期，是同一天。對大多數人來說，這不是什麼難題：與美國總統會面，還是到丹佛免費演講？一般人會打電話給丹佛那邊的人，向對方解釋情況，另約時間，或是承諾明年再去演講。畢竟，這是無償服務。我們是免費幫忙他們，他們一定會諒解。

賀賽蘋的選擇恰好相反。她告訴白宮的人，她無法赴約。「我已經和人約好了。」她說，「對方等著我去。」（最令我敬佩的是：她從來不曾告訴丹佛那邊的人，她為了他們推辭白宮的邀約。）

我們大多數人相信自己和賀賽蘋一樣，會選擇做高尚正直的事，但事實往往恰好相反。若我們有理由可以不盡全力做一件事，有多少人仍會選擇堅持去做無償服務？

我所謂的無償服務，不只是免費提供我們的專業（例如，大律師為非營利組織免費打官司），還包括我們自願參與的任何活動：不論是擔任孩子所屬足球隊的教練，到食物發放救濟所幫忙洗碗，到當地高中輔導高風險青少年，或是應邀擔任主講者。我們在志工服務與承諾之間，形成某種隨興的對應關係。我們認為，因為我們是主動幫忙，所以可以在不方便的時候，選擇退出。基於這個心態，我們原本美好崇高的善意，最後只能落到差強人意的結果。這正是我們的正直人格被動搖的原因。

正直這個品格沒有模糊地帶，不是有，就是沒有（就像懷孕一樣）。我們要在做出每個承諾後，展現這項品格。我們不需要倚賴正直，來兌現對自己有利的承諾，例如，當你按照約定現身並全力以赴，會得到顯而易見的報酬。

真正的考驗在於，當我們做出愚蠢的承諾後（我們本來不想做，因為被別人說服，才勉強答應做的事），仍盡全力拿出最好的表現；或我們知道，這麼做是對的，但遇到環境的阻力（我們感到很累或忙得不可開交、我們有更好的選項可選、需要付出的成本比我們預期的還要高、白宮打電話邀請我們去），這時我們優先考慮的往往是自己，而不是需要我們的那些人。

重點：無償服務是一種承諾，不是當我們不方便時，選擇推辭的理由。如果你覺得，因為是幫忙性質，所以可以不必全力以赴，那麼你誰也沒有幫到，包括你自己。別人不會記得你做過這項承諾，但會記得你的表現水準。就像捐贈食物給遊民收容所的餐廳，捐出的卻是難以下嚥的過期與剩餘食物。餐廳老闆覺得自己慷慨助人，因為有食物總比沒有好。「有總比沒有好」，比「已經很好」更糟。當我們做出承諾後，「已經很好」的表現是不及格的。

3 當我們做出「業餘」的行為

我有個客戶名叫丹尼斯，與他合作一年後，我在他身上看到了驚人的進步。他的問題是成功高階主管最容易犯的毛病：一定要贏過別人的強烈渴望。我剛認識他時，發現他好爭辯的說話風格，充分反應出這項特質。他對同事與部屬總是咄咄逼人，但他不會這樣對待執行長或重要客戶。因此，除了「不擇手段一定要贏」的名聲外，他還被冠上偽善與諂媚的罵名。

丹尼斯的行為很快就改善了（想贏的渴望對於改掉羞辱同事的行為，幫助很大），但他並不快樂。我每次打電話追蹤他的情況時，他總是抱怨老婆的種種不是。這並非有紳士風度的行為，但從他晚上回到家，到早上出門前，他們夫妻倆似乎總是在吵架。公司成了他的避難所，他那位於郊區，有三個孩子的家，成了他和老婆的戰場。

我通常不介入客戶的家務事，但丹尼斯在職場的新行為（有禮、包容、想清楚才開口說話），與他在家裡的表現，簡直判若兩人，令我難以忽視。我們合作一年以來，我看著他轉變成一個和修行者一樣有耐心的人。他說的每句話，一定會先通過 AIWATT 的檢驗。他再也不需要在所有場合宣誓主導權，也樂於偶爾當個傻子。但他在家裡顯然不是如此。

當我們碰面時，我問他，為何職場可以誘發他表現最好的行為，但他一回到家裡，卻又回復成從前那個丹尼斯？

「在公司的時候，我必須展現專業精神。」他說，「你的回饋機制教了我這件事。」

「那在家裡呢？」我問他，「和家人相處的時候，就可以當個業餘者嗎？」

這個問題問得他啞口無言，正中要害。我看見淚水在他的眼眶裡打轉。我並不是在責怪他。丹尼斯提到的「專業」這個概念，可以解釋我多年來在許多人身上觀察到的，前後不一致的行為。我們誰沒有發現，自己在家裡的行為，有許多是我們絕對不允許自己在職場表現出來的？這些行為有些無傷大雅，例如粗心大意，或是不善於操作電器；有些則令人困擾，例如，好沈思、寡言、孤僻、反社會或憤怒。若把這些行為從家裡帶進職場，我們的事業可能就會毀掉。因此，我們不會這麼做。

把努力延伸到其他地方

理由很簡單。工作的時候，職場裡有各種結構，使我們保持專業精神。正式的結構包括，績效評估與例行會議；非正式的結構包括，線上八卦與辦公室閒聊。此外，還有薪水、地位、權力，與保住工作等力量強大的驅動力。

在家裡的時候，不論我們是獨居或與家人同住，上述結構與驅動力都不存在。我們想做什麼，就做什麼，而且要求的標準很低。

這就是丹尼斯的問題所在。專業人士追求最高的標準；業餘者只要「已經很好」就可以了。他竭盡所能，在職場當個更好的自己，但從沒想過要把這份努力，延伸到家裡。然而照理說，老婆和孩子應該比同事更重要才對。一想到自己是個業餘的老公和父親，他就難以接受。他不想成為這種人。他的眼淚就是這樣來的。

我們大多數人每天都落入這個業餘或專業的陷阱，而不自知。不只是在家裡與公司之間有這個落差，我們在職場中，也會在業餘與專業之間轉換身份，而且通常反應在我們認為不屬於自己專業的領域上。

有一次，我到某醫療保健用品公司舉辦的僻靜會議演講。在我之前，執行長先發表了四十五分鐘的演講。他講得並不好。他照著（部屬幫他寫的）演講稿唸，在螢幕上秀了幾張投影片，很少抬頭看看聽眾的反應，從頭到尾沒有改變語調，或是脫稿講點題外話，吵熱氣氛。他的表現平平，而我一上場，現場的氣氛立刻嗨翻天。我在台上走來走去，跑下台和聽眾打成一片，讓所有人動起來，回答問題、大笑、互相擊掌。這是我平常演講的方式，也是我的看家本領。我很在乎，也努力嘗試，而結果也反應出我的投入。

演講結束後，那位執行長對我明褒暗貶了一番。他說，他很喜歡我的演講，隨後加了一句：「但你是專業講者，所以你的表現比我好。」

言下之意是，演講不屬於執行長分內的工作。他把演講與其他的職責切割開來。他認為，自己是專業的執行長、業餘的演講者，「已經很好」就已經夠好了（說實話，他的演講並沒有達到「已經很好」的水準）。他把自己設定在普通的水準。

我們都和他一樣。我們會把自己擅長與不擅長的部分，區分開來，然後把厲害的那個自己，當作真正的自己，把不厲害的部分視為反常情況，因此不承認那是自己的一部分。就這樣，我們賦予自己業餘者的身份，使「已經很好」的表現，變得名正言順。

重點：我們以專業態度面對自己正在做的事，以業餘態度面對自己想改變的行為。我們需要拋棄這個誤導性的區別，至少縮減專業與業餘水準之間的落差，才能成為我們想要成為的自己。在某些方面很厲害，不代表我們可以理直氣壯地在其他方面很遜。

4—當我們不願遵從

人們不遵從約定或計畫，通常基於兩個原因：他們認為自己的方法比較好（典型的非贏不可症候群），或是因為不願遵從別人的規矩，而不願全力以赴（典型的本位主義症候群）。這種頑固心態通常對情況有害無益。

不願遵從的問題，在醫病關係中最為明顯。

舉例來說，我的同事理查在幾年前，接受了心臟三處繞道手術。手術很成功。大學畢業後的二十年來，理查的體重增加了四十五磅。在手術復原期間，他在醫師的協助下進行減重計畫，目標是減掉二十五磅。這個目標既不極端，也並非不切實際。他的節食計畫相當緩和，包括控制食量，減少碳水化合物與起士的攝取量，增加蔬果攝取量，再加上每天散步四十分鐘。

理查很快就減去了十二磅，進入停滯期，然後又慢慢復胖了幾磅。從此以後，他一直維持這樣的體重。他才四十多歲，卻決定接受折衷的結果，而非拼盡全力重拾健康。這和一般人喜歡在心中嘮叨的「再減個十磅會更好」情況不同：我們出於虛榮心想減那十磅體重，但我們的身體其實並不想減。理查的減重與虛榮心無關，而是因為嚴重的心臟問題。他需要遵從減重計畫，才能保住一命，但仍然半途而廢。他覺得減去十二磅已經很好了*。

不論願不願意承認，我們每個人都有遵從方面的問題。我們都不喜歡別人告訴我們該怎麼做，即使對方是為了我們好；即便我們知道，若不照做，會傷害到別人，我們仍然會抗拒。

● 朋友要我們為他保守某個祕密，結果，儘管我們答應了他，仍然把這個祕密偷偷告訴我們的另一半。我們心想，那個朋友應該會同意，我們的枕邊人屬於例外情況。

- 孩子打破了家裡某個昂貴的東西。在坦承犯行之前，孩子要我們承諾不可以生氣，而我們也答應了。我們當下並沒有發怒，但一直把這股怒氣放在心上。然後在好幾天後，透過某個間接方式，把氣出在孩子身上。
- 客戶要求我們，每天向他們報告某個專案的進度。但是當沒有新進度可報告

＊我總是不懂，醫生為何可以容忍病人的這種錯誤行為。醫生都知道，遵從指示服藥非常重要。但有報告指出，三〇％患有危及生命疾病的人，沒有按時服藥，而他們的醫生什麼事也沒做。醫生彷彿認為，病人一離開診間，自己就沒有責任了。你可曾接到醫生的電話或電子郵件，問你是否按照囑咐服藥？類似「每日提問」的簡單結構與追蹤，此時就可以發揮作用，幫助病人更努力維持健康。現在的醫院或診所會打電話或傳簡訊，提醒我們下次看診時間（因為他們希望減少臨時取消掛號的人數）。他們擁有科技，不需要多花人力成本，就可追蹤病人的服藥情況。私人企業已經發現了這個商機。市面上有十幾種「按時服藥」的手機應用程式，每天提醒我們服藥。當然，這代表有某些因素會促使我們下載這類應用程式。而醫生的參與，可提高病人下載這種應用程式的機率。若能如此，我就不必發表這番言論了。

時，我們就自動跳過一、兩天。我們原本和客戶說好，不管有沒有新進度，每天都要和他聯絡。結果，在沒有知會對方的情況下，我們單方面改變了約定。我們覺得這樣做就已足夠，結果卻導致客戶產生不必要的困惑。

日常生活中，有太多這類不願遵從，或讓別人失望的瑣碎小事，我只是隨機挑選三個例子。我們大多不會注意到自己的不遵從行為，但若別人出現這個情況，我們總能一眼識出。打破保密約定、亂丟垃圾、開車時發簡訊的，都是別人，不是我們。我們絕對不會做這種事。

重點：當我們做出不遵從的行為，我們不只是隨便與懶散，情況比這個糟糕無禮多了。我們相當於對全世界嗤之以鼻，對所有人說：「這些規矩不適用在我身上。別指望我。我一點也不在乎。」我們把標準定在「已經很好」，而且拒絕超越這個標準。

20

Chapter

成為觸發者

還記得第三章提到的，倫敦某大型消費品公司的高階主管納汀嗎？他總是被自己的死敵賽門激怒。現在我來把故事說完。

納汀有很強的動機要改變自己。我要求他做的事，他全部照做了。他在十八位提供三百六十度回饋意見的同事面前，為自己的行為向所有人道歉，並承諾會改進。他請大家在發現他老毛病復發時，隨時提醒他。他需要大家的協助。他也試著與賽門建立良好關係，雖然一開始有些心不甘情不願。他一時仍難以消除對賽門的敵意。

「我會試著改變自己，做五〇%的努力。」納汀對我說，「但賽門也要改變他自己。」

「賽門改不改變與你無關。」我說，「你唯一能控制的，是你自己的行為。」

「我為什麼要做所有的努力？如果賽門不做

些努力，那我也不要。」

「那就先做八○%的努力，」我說，「看看結果怎麼樣。」

納汀答應我，把這個問題列為「每日提問」的第一項：我是否做了八○%的努力，解決賽門問題？

納汀首先向賽門道歉，坦承自己對他的敵意：「我對自己過去所做的一切，向你道歉。我們過去一直處不來，我願意為此負起責任。從今天開始，我會改變自己。」改變就是這樣開始的：下定決心改變自己，並公告周知。

身為納汀的教練，我定期與他通電話，了解改善進度。請不要忘了，納汀主管年營業額高達二百億英磅的事業部，手下有一萬名員工。他有家庭要照顧，還要經常到全英國和歐洲出差。他必須負起對公司的責任，同時還擔任幾個董事會的外部董事。他是個大忙人，要他把這件事放在第一順位，的確不容易。

但另一方面，公司的執行長與人力資源最高主管（也就是雇用我的人），也在密切監督他的改善進度。儘管日常工作極為忙碌，納汀有很強的動機要解決他的「賽門問題」。他深信，如果他想成為公司的典範，就必須達成這個目標。

百分之百的努力

納汀的改變並不令我意外，因為結構性動機都已就緒，包括定期追蹤。但令我意外的是，納汀在半年之內，就解決了「賽門問題」。（想想你與親朋好友和同事間的嫌隙，還有在走廊上遇見卻裝作沒看見、一輩子無法原諒、抵死不和對方說話，或已經從通訊錄刪除的那些人，你願意修補與他們的破裂關係嗎？你能在六個月或六年內做到嗎？）

納汀的成功如此驚人，於是人力資源主管瑪歌，請納汀向部屬和高階管理團隊，分享自己的心路歷程。我當時不在場，但瑪歌事後將過程轉述給我聽。

納汀告訴大家他成功的祕訣：「我放下身段，努力創造一個良好的互動關係，我願意付出比賽門還要多的努力。」接下來，他拿出一封賽門那天早上寫給他的電子郵件，大聲唸給大家聽，證明他們之間已無嫌隙。

「我們現在很有共識。」他說。

有人問他：「如果有機會重來，你會怎麼做？」

「那麼我不會只做八〇％的努力，」納汀說，「而是做百分之百的努力。我學到一件事，那就是只要我改變自己的行為，就能改變周遭的人。假如我當時全力以赴，我們就能更快化敵為友。」

據說，在場的每個人都深受感動。

當我們不向「已經很好」妥協，就會得到驚人的結果。當我們以百分之百的專注力與精力，全力以赴改變行為，就會成為一股勢不可擋的力量，同時打破本性難移的傳說。我們會開始改變環境，不再讓環境牽著鼻子走。周遭的人都能感受到這股力量，於是，我們開始成為觸發別人的人。

第四部

沒有遺憾

21 Chapter 投入的循環

長大成人後改變的行為當中，令你印象最深刻的，是哪個經驗？

我曾問過無數人這個問題，很少人能立刻給我答案。

我最快得到的答案，都是人們改掉壞習慣的經驗。當我問五十一歲的媒體公司主管艾美這個問題，她立刻說「戒煙」。

「我想要的不是這種答案。」我說，「戒煙很難，令人欽佩。但抽煙是有害健康、受到社會鄙視的行為，而且有強大的外在壓力。我想問的是，出於自願改變的行為，而且別人因為你的改變，生活變得更愉快美好。」

艾美想了一下。「對我媽好一點算嗎？」

這才是我要的答案。艾美告訴我她與母親的密切關係，她們的互動可說是太密切了。她的母親快要八十歲了，她們每天會聊天，但總是為了瑣碎的小事鬥嘴爭吵不休。這對母女永遠想證明自己是對的，而對方是錯的。艾美把這種互動稱為「傷痕累累的愛」。

有一天，艾美想到自己能和母親相處的時間越來越有限，並意識到她們都不是小孩子了，於是決定與母親休戰。她沒有告訴母親這個想法，只是不再與母親唇槍舌戰。當母親說出毒舌的批評時，艾美不予回應，裝作沒聽到。當女兒不再回嘴，母親也開始不再發表惡毒的言論。反之亦然。

「你的改變不是件小事。」我說，我告訴她，這是比戒煙更了不起的成就。我請她想像，如果大家都能向她看齊，與所愛的人休戰，那麼所有的家庭聚會、感恩節晚餐、慶生派對與家族旅行，將會減少許多摩擦。「你改寫了你們兩人的劇本，不只是你的人生劇本而已。這是值得驕傲的事。」

不是頓悟，不是洞見

有些人誤解了我的問題。他們想起某個重大的職涯決定或頓悟，以為這是行為改變。有位財務主管告訴我，就讀法律系一年級時，他發現自己不想和父親與兄長一樣，以律師為業。這個領悟改變了他的人生：不攻讀法律，轉而成為財務分析師。但這是人生道路的抉擇，不是改變行為。同樣的，有位藝品商以嚴肅的表情向我描述，某一刻，他忽然意識到，「並非所有人都從我的觀點看問題」。這是洞見（而且不是太石破天驚的洞見），除非這個洞見深遠地改變了他對待別人的方式，否則就只是洞見，不是行為改變。

有不少人提到了，自己身體力行的嚴格自我要求：跑馬拉松、臥推舉重三百磅、回學校進修並取得學位、學做麵包、學習靜坐。這些是值得欽佩的自我提升行為，不容小覷。但除非做麵包或靜坐，明顯改善了你與他人的相處方式（而不只是發揮類似鎮靜劑的效果，使你得到平靜的心境），否則，這就不是我期待聽到的人際互動成就。你做了一件有價值的事，但沒有改變你的行為模式。

絕大多數人被這個問題問住了（我的問題是：令你印象最深刻的行為改變是什麼？）。他們不記得自己改變過任何行為。

他們啞口無言的反應並不令我意外。我與一對一客戶第一次見面時，都會問他們這個問題，而他們的反應大多也是如此。這些事業有成的人，不論對周遭環境多麼有自覺或警覺，通常不會察覺自己的行為需要改變，直到我向他們提出證據。唯有知道該改變什麼，我們才會改變自己。

該改變哪些行為？

在尋找自己需要改變哪些行為時，我們往往會犯許多不自覺的錯誤。

我們把時間浪費在，自己不是真正覺得非常重要的事情上。我們經常心想：「我應該常打電話回家問候母親。」但如果這件事真的如此重要，我們就會照做，而且覺得有意義。但事實往往是，我們老是在心裡嘀咕，然後偶爾為之，做得不乾不脆。我們只是「希望」，但從不真正執行。

我們把自己局限在二選一的思維。舉例來說，納汀覺得，與賽門互動時，他只有兩個選擇：不是苦笑忍耐（這令他感到屈辱），就是反擊（這只應驗了那句俗話：「絕對不要和豬搏鬥，因為雙方都會弄得渾身爛泥，但只有豬玩得很開心。」）他沒有意識到，周遭的環境（任何環境）其實並不是非黑即白，他還有其他的選項。他需要有人提醒他：這個令他感到痛苦的處境，恰好是展現模範行為的機會，讓大家看見他的團隊精神，同時幫助賽門變得更有團隊精神（這是附帶的好處）。

最糟的是，我們喪失了想像力。幾年前，我開始有機會與醫師合作。我現在有幸擔任三位醫師的教練：世界銀行總裁金墉、梅約診所（Mayo Clinic）董事長諾斯沃西（John Noseworthy），以及美國國際開發署（United States Agency for International Development）署長沙赫（Raj Shah）。他們除了絕頂聰明之外，還是我所見過最認真、最正直的人。

與這三位醫師展開教練活動時，我分別請他們思考，下列六個與投入有關的問題：

1. 我是否盡了全力，設定明確的目標？
2. 我是否盡了全力，朝著自己設定的目標努力？
3. 我是否盡了全力，找到人生的意義？
4. 我是否盡了全力，讓自己快樂？
5. 我是否盡了全力，建立正向的人際關係？

6. 我是否盡了全力，全心投入我所做的事？

這三位都是聰明優秀、學養資歷豐富的人，通常不會有人問他們簡單的問題。但是當他們思索第四個問題：我是否盡了全力，讓自己快樂？我看見他們先是露出困惑的表情，然後陷入沈默。

「讓自己快樂，對你是個問題嗎？」我問。

我分別在不同場合，問他們這些問題，但他們三個人幾乎用相同的話回答我：「我從來沒想過，要讓自己快樂。」

他們的聰明才智，足以讓他們畢業於醫學院，並擔任執行長的要職。但他們需要別人提醒，去追求快樂。這說明要找到自己需要改變的地方，是件非常困難的事。即使是神槍手，也可能忽略非常巨大的目標。

我不能告訴你該改變什麼，這完全是個人的選擇。我可以提供一長串選項，例如慈悲、忠誠、勇氣、尊重、正直、耐心、寬厚、謙遜等等。這些都是父母師長在我們年幼、可塑性強時，反覆灌輸我們的觀念。不論在佈道、哀悼逝者，或對畢業生演講時，我們經常聽見人們提到這些美德。

聽人提到這些美德，不會驅使我們擁有這些美德。若我們沒有被觸動內心，真正想改變自己，那麼演講內容再動人，再有見地，也不會激發持久的行為改變。我們邊聽演講，邊點頭同意，演講結束後，就恢復原有的行為模式。主要的原因可能是，我們欠缺結構，幫助我們達成心願；我們是有遠見的計畫者，短視的執行者。以這三位醫學博士的情況來說，某些方面的行為改變，可能是他們連想都沒想過的事。

思考最基本的問題

正因為如此，我通常會在開始與客戶合作時，請他們思考這六個關於投入的問題。我強迫他們思考最基本的問題，這些問題基本到一般人往往忽略了它的存在。當我向客戶指出環境的影響力（我們通常沒有意識到，環境對我們的行為產生的正面與負面影響，而且大多是負面影響），會同時提出這六個問題。接下來，就輪到客戶動腦了。根據我的經驗，當人們被迫思考環境對快樂、意義、投入等基本欲望所產生的影響時，他們會集中注意力，反思自己在這些方面的狀況，以及造成現況的原因。

當我們透過投入問題評估自己的表現，結果發現情況不盡如人意，我們可能會怪罪環境或自己。

我們喜歡把問題推給環境。沒有設定明確目標，是因為我們需要聽命於太多人；沒有達成既定目標，是因為我們的工作負擔太重；我們不快樂，是因為工作沒有發展前景；我們沒有與他人建立正向關係，是因為其他人不願意付出一半的努力；我們對工作不夠投入，是因為公司拒絕提供協助。諸如此類。

我們不僅擅長怪罪環境，對推卸責任也很拿手。當我們犯錯或做出錯誤決定，我們很少怪自己，因為我們總是可以讓環境替自己背黑鍋。你可曾聽過哪個同事為工作上的痛苦負起責任，坦承「我天生是個想法悲觀的人」？如果出了任何差錯，永遠是別人的錯，不會是我們的錯。

唯有誠實評估環境與自己的互動關係，我們才能成為我們想成為的自己。

我寫這本書並沒有太大的野心，我只想幫助你，達成持久、正向，且重要的行為改變。我的工作並不是告訴你，該改變哪些行為。只要花時間省思，每個人都知道自己該做些什麼。我的工作是幫助你達成這些目標。我所謂的改變，不一定是徹頭徹尾的改頭換面，讓別人覺得你簡直變了一個人。只要有任何正向改變，都比沒有改變來得好。如果透過本書，你的日子過得比從前開心一些，或是與你愛的人建立了更好的關係，或是達成了某個目標，對我來說，這就夠了。

覺知與投入

此外，我還想突顯兩個重要的觀念。這兩個觀念不在父母教給我們的傳統美德之內，它比較接近一種積極正向的狀態。

第一個觀念是覺知（awareness）：察覺周遭發生了什麼事。在日常生活中，我們對大多數的事物渾然不覺。出差或通勤時，我們會把大腦功能關閉；開會時，我們的思緒經常不知道飄到哪裡去；即使與我們所愛的人在一起，我們也總是因為電視或電腦螢幕上的東西而分心。天知道當我們心不在焉時，還錯失了哪些東西？

第二個觀念是投入。我們不僅覺知環境中的一切，還積極參與其中，對我們重要的人，也會察覺我們的投入。在大多數的情況下，積極投入是最理想的狀態。這是高尚且愉快的事，令我們自豪，並樂在其中。聽到另一半或孩子對我們說：「當我需要你的時候，你總是陪在我身邊。」你難道不覺得這是最棒的讚美嗎？反過來說，若聽到他們對我們說：「當我需要你的時候，你總是不在我身邊。」你不覺得非常難過嗎？投入對我們的重要性，就在這裡。它是成人行為改變，最美好的最終成果。

當我們擁抱覺知與投入，就處於最佳狀態，能夠察覺環境中的所有觸發物。

我們可能無法預期會遇到什麼，因為環境的觸發力量永遠出乎我們意料之外，但我們知道別人對我們有什麼期待。這個情況的結果可能非常驚人。我們再也不必把環境當作一列迎面駛來的火車，而我們只能束手無策，坐以待斃。我們與環境的互動是雙向的，我們創造環境，環境形塑我們。我們與環境達成平衡狀態（如附圖）。

投入的循環

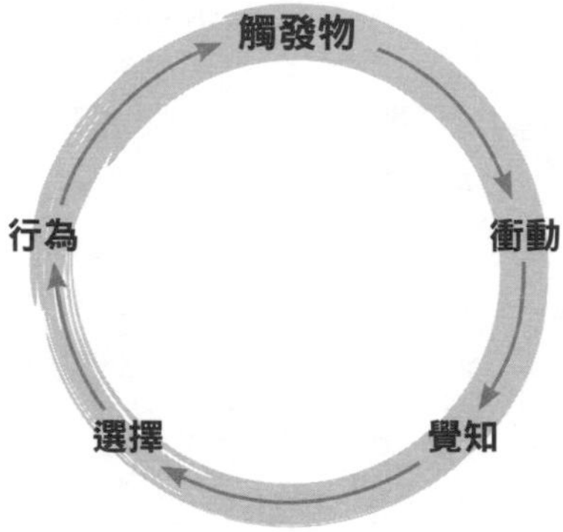

面對各種衝動

這個平衡狀態很容易達成。我用一個日常生活中常見（但並非微不足道），我們卻鮮少留心（但應該留心）的例子，說明它的運作方式。有一天，一位名叫吉姆的企業主管寫了一封電子郵件給我，他曾上過我在達特茅斯大學塔克商學院（Dartmouth's Tuck School of Business）的高階主管課程。

有一天，他的太太芭芭拉在上班時間打電話給他，而他那天過得超級不順利。每件事都出差錯：客戶大發雷霆；事業處主管把他當作部屬來差遣；助理臨時請病假。他的太太對他說：「我需要找個人說說話。」很顯然，她那天也過得不順利。

「我需要找個人說說話」是個觸發物，觸發吉姆放下手邊的事，專心聽她說話。老婆並沒有請他提供意見，或說任何話，她只希望吉姆能聽她發發牢騷。這是吉姆那天遇到最輕鬆的「要求」，他應該把這個要求當作意外的禮物，好好珍惜。

但是在吉姆接到芭芭拉電話的那一刻，他是否會把這通電話當作禮物，仍是個未知數。畢竟，觸發物會引發某些衝動，促使我們採取某些行為。吉姆的心頭湧現多種衝動可供他選擇，而有些選項不是那麼理想。

他可以讓自己的心情變得更差。換句話說，利用這個觸發物，讓既有的不佳情緒加劇。

他可以告訴太太，他此刻正忙得不可開交，他晚點再回電話給她，或是回家再談。換句話說，把觸發物引爆的時間，延後到他方便處理的時候。

他可以一邊做事，一邊聽芭芭拉說話，敷衍了事。換句話說，降低觸發物的重要性，並希望老婆不會發現。

他可以理直氣壯地認為，老婆的問題不論嚴重程度或重要性，都比不上他的問題，然後拿出一個個證據向老婆指出，自己的情況比較慘。換句話說，他可以和芭芭拉的觸發物競爭，並「贏過」對方。他可以採取一個效果極度令人質疑的策略，再次向老婆證明，自己是對的，而她是錯的。

或者，他可以靜靜聽太太說話。

這些都是自然湧現的衝動。正當想發脾氣時，卻被迫要聽別人抱怨；在朋友發牢騷時，自己卻神遊他方；藉著別人訴苦的機會，大肆抱怨自己其實更慘，這種經驗誰沒有？

當我們欠缺覺知力（很多時候，是因為我們正沈浸在自己所做的事或當下的情緒中），就很容易被觸發。從觸發物引爆衝動，再引發行為，只有一瞬間。這是個不變的順序。觸發物導致衝動產生，衝動再導致行為產生，然後行為會產生另一個觸發物，不斷循環。

爭取一點喘息的空間

有時候，這個循環帶來了好的結果：我們很幸運，瞎貓碰到死老鼠，在沒有做任何決定的情況下，做了正確的「選擇」。但這種運氣不是天天有，我們隨時有把事情弄得一團糟的風險。覺知可以扭轉這個情況。它把觸發循環的反應時間稍微拉長，為我們爭取到一點點喘息的空間（不是很多，但恰好足夠），把所有的選項考慮一遍，然後做出比較理想的選擇。

吉姆寫電子郵件告訴我，他當時做了正確的選擇。以下是他在被觸發的時刻，產生的第一個衝動：

我正想向太太指出，不只有她在工作上遇到問題。然後，我想起了你在課堂上教的那句話：「這次我是否願意，針對這個主題，投注必要的心力，做出建設性的貢獻？」我做了個深呼吸，決定好好聽芭芭拉說話，於是我絕口不提自己的事。當她發完牢騷，她說：「我覺得好多了。」我只說了一句話：「我愛你。」

當我們覺知與投入，這種雙向的奇蹟就會發生。觸發物出現時，我們能一眼看清它的本質，並做出恰當且明智的反應。然後我們的行為會產生觸發物，引發對方做出更恰當的行為。如此不斷循環。這就是吉姆對老婆的觸發物做出的反應，老婆觸發他表現體貼的行為，他則觸發老婆做出「我覺得好多了」的回應。他們以最正向的方式，成為對方的觸發物。不論他們是否察覺，投入的良性循環正在他們之間運作，並一直持續下去。

Chapter 22

危險：永不改變的人生

我曾試著想像，一種一成不變的人生。

我指的不是在一家公司待到退休，與某人維持五十年的婚姻，或從來不曾離開家鄉。這些人生的選擇值得讚揚，而非懊悔或嘲笑。在長久與快樂之外，這些事實反映出一種值得慶賀的堅決與永恆價值。

我指的也不是，一輩子從來不改變在餐廳點的菜色、衣服的款式、欣賞的音樂、電視節目與書籍類型，甚至是社會與政治觀點。一輩子從不改變品味、看法與日常生活的偏好，即使是世上最頑固的人，恐怕也難以想像，因為環境不會允許我們這麼做。我們周遭的世界會不斷改變，而我們也會隨之改變自己，因為順應潮流是最輕鬆的應對之道。

即便狀況最穩定的人：成年後一輩子與同一

個伴侶，住在同一棟房子裡，和從事同一份工作的人，也難以想像，一種永遠不改變的人生。

但在人生的某個面向，我們常以永遠不改變而自豪。我指的是，我們的人際互動方式，以及抗拒改變對待他人的方式。

為了某個早已遺忘的心結，多年來不曾見面或交談的姊妹。

我們仍用童年時期的難聽綽號嘲弄老友，儘管那個綽號早就不適合用來描述他。

我們與鄰居的互動永遠停留在點頭之交。不論基於不好意思、惰性，或是冷漠，我們從來不主動介紹自己。

喜歡提出種種要求，讓我們覺得討厭的顧客。

我們的火爆脾氣，使得家人忍不住打賭，賭我們何時會爆發。

每當孩子做出令我們失望的事，我們就會責備他。

我們大多數人會嘲笑從來不換菜單的餐廳，但對於自己一成不變的行為，卻有截然不同的反應。我們竭盡所能維持某些行為，並愚蠢地引以為豪，從沒考慮到因此受傷害的人。唯有造成無法挽回的傷害，並與他人形成隔閡，我們才反省自己的行為，或許因此懊悔不已。我們為何多年來不願與自己的姊妹說話？為何對從小一起長大的死黨如此毒舌？不主動向鄰居自我介紹，使我們錯過了什麼樣的友誼？為何不感謝顧客向我們下訂單？孩子因為做錯事而懊惱時，安慰他會對我們造成什麼損失嗎？

現在輪到你

當我們延續負面行為（包括傷害我們所愛的人，或傷害自己），就是以最危險的方式，過著永不改變的人生。我們有意識地選擇讓自己難過，也讓別人難過。那些難過的時間，是我們人生中永遠追不回來的時間。更令人痛苦的是，一切是我們的選擇造成的結果。

我曾在本書的開端承諾，如果我善盡職責，你的人生就可以少一些遺憾。我的工作完成了，現在輪到你了。我的要求並不多。當你讀完本書，請想出一個你不會後悔改變的行為與觸發性動作。這是唯一的選擇標準：你不會後悔自己這麼做。或許你可以打電話給母親，告訴她你愛她，或是感謝顧客的忠實支持；或是在會議中努力閉嘴，不說批評別人的話。你可以做任何事，只要這個行為（稍微）脫離了你慣有的做法，而且你會持續做下去。

然後著手去做。

這麼做的結果，對你的朋友有益，對你的公司有益，對你的顧客有益，也對你的家人有益。

對你更是有益。這個結果如此美好，你會想要繼續改變自己。

00

Chapter

致謝

我想先感謝我所有的客戶。我如此幸運，能與許多世界上最偉大的領導人合作。我愛我的客戶，能成為他們生命中的一小部分，我感到非常自豪。

我尤其想感謝兩位領導人。

賀賽蘋曾擔任美國女童軍執行長十四年。杜拉克曾說，賀賽蘋是他所見過最偉大的領導人。我深表同意。我有幸曾到白宮觀禮，見證她獲頒「總統自由勳章」（Presidential Medal of Freedom）。她也是我認識超過三十年的好朋友。

穆拉利曾是波音公司商用航空事業部總裁，後來擔任福特汽車公司執行長。他曾被《財星》雜誌封為，全球最偉大的領導人第三名，以及美國年度最佳執行長。他研究出的提升領導力方法，是我所見過最棒的方法。

他們兩位除了是偉大的領導人，也擁有偉大的人格。他們的正直、服務精神與尊重他人的態度，值得所有人仿效。他們都曾竭盡全力，在許多方面幫助了我。我從他們身上學到的東西，遠比我從任何書本或課程學到的還要多。

賀賽蘋和穆拉利，謝謝你們！

我也想感謝我的家人。多年來，儘管我的工作滿檔，行程緊湊，他們總是給我滿滿的愛與支持。我的妻子萊達是我所認識最棒的人。結縭四十多年來，她的愛支持著我，度過所有順利與艱難的時刻；布萊恩是個不可多得的好兒子，他為自己創造了美好的人生與事業；我的女兒凱莉是個優秀的大學教授，她為本書提供了不少想法；瑞德則是打著燈籠也找不到的好女婿。

我想感謝讀我的書、觀賞我的影片、上我的課的每個人。這麼多年來，我收到了許多來信，你們的讚美對我意義重大。

最後，我想感謝讀完本書的你，希望本書可幫助你擁有更美好的人生。

生命真美好。

TRIGGERS

Creating Behavior That Lasts
Becoming the Person You Want to Be

練習改變

和財星五百大CEO一起學習行為改變

作者	馬歇・葛史密斯（Marshall Goldsmith） 馬克・瑞特（Mark Reiter）
譯者	廖建容
總編輯	方素惠
責任編輯	陳映華
校對	林君儒、趙庭涓
封面設計	林琬昀
版型設計	化外設計
內頁排版	陳昱慈
出版社	長河顧問有限公司
地址	105台北市南京東路五段213號7樓
服務電話	(02)2768-0105
E-mail	service2@emba.com.tw
網址	http://www.emba.com.tw
傳真	(02)2766-6864
劃撥帳號	50319336長河顧問有限公司
製版印刷	久裕印刷事業股份有限公司
總經銷	大和書報圖書股份有限公司　電話：02-8990-2588
出版日期	2015年10月15日第一版第一次印行 2023年8月20日第二版第一次印行
定價	450元
ISBN	978-986-91403-9-3（平裝）

EMBA 雜誌網址 | www.emba.com.tw

如有缺頁、破損、裝訂錯誤，請寄回本公司更換

EMBA雜誌
網路書店

讀者服務專線
02-2768-0105